KB075361

MBC를 날리면

언론인 박성제가 기록한

공영방송 수난사

박성제 지음

창비
Changbi Publishers

나는 이명박 정권 때 해직된 언론인이었다. 2012년 이명박 정권 말기에 정부의 방송장악에 맞서 싸우다 해고되어 5년 반을 보낸 뒤, 문재인 정부 출범 이후 회사로 돌아왔다. 그후 보도국장이 되어 나락에 떨어졌던 MBC 뉴스의 재건을 위해 기자들과 함께 온 힘을 쏟았다. 그리고 2020년 MBC의 제35대 사장이 됐다.

공영방송 MBC의 사장으로 일했던 3년은 내 인생에서 가장 영광스러운 시기였다. 구성원들의 헌신적인 노력으로 보도와 시사 프로그램은 국민의 사랑을 꾸준히 되찾아나갔다. 어설픈 잘못과 시행착오로 위기에 처한 순간도 적지 않았다. 그러나 MBC 언론인들은 시청자들의 질책을 겸허하게 받아들이고, 반성과 노력으로 전화위복의 계기를 만들어냈다. 결국 지난해부터 MBC는 각종 조사에서 언론사 신뢰도 1위에 올라설 수 있었다. 유튜브 뉴스는 월간 조회수 5억이라는 경이적인 기록을 달성했고, 월드컵 방송 시청률도 압도적 1위를 차지했으며, 「피지컬: 100」 넷플릭스 글로벌 1위 등 OTT 진출 전략도 성공을 거두면서 3년 내내 흑자 경영을 달성했다. 우리는 글로벌 미디어그룹으로 도약하는 MBC를 꿈꿨고, 나는 행복했던 사장으로 임기를 마칠 것이라 기대하고 있었다.

시련이 다시 시작된 것은 지난해 윤석열 정부가 출범하면서부터였다. '권력 감시'는 언론의 당연한 사명이지만 윤석열 정부는 권력과 언론의 긴장 관계를 용납하지 않았다. 문재인 정부 때는 모든 언론이 앞다투어 성역 없는 권력 비판에 열중했다. 반면 윤석열 정부에서 권력 비판은 MBC와 몇몇 언론만의 힘겨운 가시밭길이 됐다.

MBC의 감시와 비판이 윤 대통령에게 불편했을 수도 있다. 그의 장모가 기소돼 실형을 선고받게 된 것도 MBC 「스트레이트」 보도가 계기가 됐고, 그가 평생 몸담았던 검찰 권력에 지속적으로 견제구를 날린 것도 MBC였다. 그 아내의 우려스러운 의식 수준을 녹취록으로 드러낸 것도 MBC였고, 초대 내각의 부총리를 낙마시킨 것도 MBC였다. 해외 순방에서 공사 구분 못하고 전용기에 민간인을 태운 부조리를 들춰낸 것도 MBC였으며, 국제 외교 무대에서 설화를 빚은 사실을 가장 빨리 보도한 것도 MBC였다.

정부·여당은 MBC를 '좌파 언론'으로 매도하고 맘에 안 드는 보도는 '가짜 뉴스'라며 헐뜯었다. 그리고 사장 박성제를 '가짜 뉴스를 주도하는 좌파 방송의 우두머리'로 겨냥했다. 걸핏하면 '사장의 지시' 운운하며 노골적인 사퇴 압박과 사법 처리의 위협을 가해왔다. 나는 MBC를 정권의 외압으로부터 지키기 위해 연임 도전을 선언했다. 그러나 그 시도는 좌절됐다.

은퇴한 언론인으로 지내는 지금, 몸은 편해도 마음이 편치 않다. 10여년 전 방송장악의 악몽, 해직 언론인 시절의 힘겨웠던 기억이 소환되고 있다. MB 정권의 '방송장악 기술자' 이동관이 방송통신위원장이 되어 돌아온 것을 보며 절망과 분노를 참을 수 없었다. 공영방송 이사들이 황당한 사유로 해임되고, KBS는 수신료를 인질로 잡힌 절체절명의 위기 끝에 결국 사장의 해임안이 통과되는 지경에 이르렀다. MBC 역시 언제든 사장이 교체되고 다시 나락으로 떨어질지 모르는 풍전등화의 상황이다.

이 책은 내가 해직 언론인에서 보도국장이 되어 뉴스를 재건하고, 그리고 사장이 되어 회사를 살리기 위해, 지키기 위해 싸웠던 5년의 상세한 기록이다. MBC가 어떤 노력을 거쳐 '만나면 좋은 친구'로 돌아왔는지, 좋은 뉴스란 무엇인지, 그리고 진정한 언론개혁은 어떻게 이루어낼 수 있는지, 30년 한눈팔지 않고 살아온 언론인으로서 소신을 담아 기록했다.

이 땅의 민주주의를 위해 제대로 된 언론이 어떤 역할을 할 수 있는지, 그래서 공영방송을 지키는 것이 얼마나 중요한 것인지 시민들에게 알리고 싶은 소망도 있다. 무엇보다, 다가오는 폭풍을 앞두고 다시 힘겨운 싸움을 준비하는 MBC의 언론인들에게 이 책이 한줌이라도 힘과 희망이 되었으면 하는 바람이다.

2023년 9월
서울 후암동에서

추천의 말

'운명'이라 하면 너무 비장하고, '팔자'라 하면 왠지 좀 마음이 가벼워져서 그렇게 쓰기로 한다. 언론의 '팔자'는 권력과 불편해야 하는 것으로 타고났다. 그 권력이 어떤 것이든… 그러니 권력과 친한 것은 언론의 속성이 아니다. 이 땅의 언론들은 또다시 요구받고 있다. 권력과 친할 것이냐 불편할 것이냐. 박성제 전 사장의 책은 그런 요구가 팽배한 전환의 시기에 나왔다. 고민하면서 읽을 수밖에 없는 책이다.

손석희(언론인)

해직 기자가 고급 수제 스피커를 만들어 판다길래 '뜬금없다' 싶었다. 그런데 일찌감치 그는 '좋아하는 일'을 하면서 '돈도 버는 법'을 아는 DNA의 소유자였다. 5년 반의 해직에서 복귀한 박성제는 2018년 보도국장이 되어 고꾸라진 MBC 뉴스의 신뢰도를 끌어올렸고, 2020년 MBC 사장이 되어 망가진 경영 지표를 역주행시켰다. 『뉴스데스크』에 단독으로 붙는 광고가 하나도 없어요…"라며 당혹해하던 초짜 사장 박성제의 표정이 눈에 선한데 그로부터 3년 내리 흑자 경영을 달성했다. 기자 출신이 경영까지 잘하기 쉽지 않은데 그 어려운 걸 그가 해냈다. 이 책에는 한동안 '만나기 싫은 친구'로 외면받던 MBC를 다시 '만나면 좋은 친구'로 만들어낸 박성제와 동료들의 지지고 볶는 이야기가 팩트 중심으로 담겨 있다. 그렇게 미담으로 끝날 뻔한 이 책의 마지막 장에 마침표가 아닌 'to be continued'가 찍혔다. 역사는 반복된다 하더니 다시 경험하고 싶지 않은 역사도 반복될 조짐이어서다. 대한민국 공영방송에 또다시 먹구름이 드리운 2023년 가을, 이 책에 등장하는 낯익은 실명들에 주목해야 하는 이유다.

이숙이(『시사IN』 발행인 겸 대표)

탄압과 투쟁의 증언에서 시작해서 승리와 복구의 회상으로 끝났다면 얼마나 좋았을까. 그러나 힘겹게 다시 일으킨 MBC 위로 더 뻔뻔해진 권력의 포화가 쏟아진다. 그래서 박성제는 전직 사장이라기보다는 마치 종군기자와도 같은 시선으로 MBC와 공영방송이라는 이름의 전장을 추적하고 기록한다. 한때는 펜마저 빼앗긴 채 총알을 맞기까지 했던 그는, 잠시 포연이 멈춘 터에서 재건의 삽과 망치를 들기도 했다. 애당초 공영방송을 주기적으로 선혈이 난무하는 전쟁터, 아니 일방적인 학살의 공간으로 만든 것부터가 대한민국 미디어 역사의 참혹한 비극이다. 공영방송을 시민의 논밭으로 바꾸고, 권력의 칼과 총을 녹여 언론인에게 쟁기를 안기라.

정준희(언론학자)

누가 MBC를 죽였고, 누가 다시 살려냈나. 박성제의 기록은 생생하고 절절하다. 나는 그를 인터뷰한 적이 있는데 입심이 대단했다. 이 책을 읽으니 그의 글심 또한 탁월하다. 드라마처럼 펼쳐지는 MBC 장악 막전막후를 읽다보면 때론 분노하고 슬퍼지는데, 재미가 있다. 아마도 저자의 인생이 드라마여서일 것이다. MBC 기자에서 노조위원장으로, 해직 기자에서 사장으로 변신, 그리고 3년 연속 흑자 달성. 그는 진실과 역사 앞에 부끄럽지 않은 삶을 살고자 하면서 동시에 현실적인 실천가다. 무엇보다 권력과 자본 앞에 무릎 꿇지 않는 배짱이 있다. 그래서 지금 다시 방송장악 광풍이 불고 있어도, 우리는 이 책을 통해 희망가를 부를 수 있다.

오연호(『오마이뉴스』 대표기자)

1980년대 그때 그 시절을 이겨낸 것은 누군가가 용기 있게 취재하고 보도했기 때문입니다. 몽골 기병처럼 막무가내로 밀고 들어오는 위세에 처참하게 무너지고 있는 지금의 언론에게 무엇보다 중요하고 필요한 것 역시 말할 수 있는, 보도할 수 있는 용기입니다. '기자 박성제'의 그 용기에 감사와 응원의 박수를 보냅니다. 본문에 있는 이 말이 가슴을 파고듭니다. "언론의 책무가 얼마나 무거운지, 그걸 아는 언론인들이라면 숨죽이고 기죽어서 지낼 수는 없는 노릇이다. 쫄지 않으면 된다." 지랄 같은 이 세상을 바꿔보고 싶은, 그리고 회사원이 아닌 진짜 언론인이 되고자 하는 청년들에게 이 책을 권합니다.

홍사훈(KBS 기자)

차례

1부   MBC 살리기 1:   험난한 뉴스 재건의 길   27

MBC의 몰락, JTBC의 비상 ┃ 마지막 총파업으로 MBC 정상화의 길을
열다 ┃ 불세출의 저널리스트 최승호 ┃ 최승호, MBC 사장이 되다 ┃ 험난한
뉴스 재건의 길 ┃ 높기만 한 JTBC의 벽 ┃ 보도국장이 되고 국장실을
없애다 ┃ 힘있는 MBC 뉴스의 시작, 유치원과 김용균 ┃ 기자들의 반발을
누르고 뉴스를 늘리다 ┃ 버닝썬 게이트와 고성 산불 보도의 성과로 위기를
넘기다 ┃ 조국 보도와 MBC 저널리즘 ┃ 검찰개혁 집회와 드론

2부   MBC 살리기 2:   공영방송 사장은 저널리즘으로 평가받는다   105

MBC 사장이 되다 ┃ 웅크린 히어로 MBC: 자신감을 되찾아야 한다 ┃
3년 연속 흑자: 신출내기 CEO의 성적표 ┃ 돈 버는 것보다 시청자 신뢰가 더
중요하다 ┃ 올림픽 개막식의 치욕, 월드컵의 영광 ┃ MBC는 이제 지상파
TV가 아니다 ┃ 신뢰도 1위에 오르다

프롤로그

중국 진나라 때 권력에 눈이 먼 조고라는 환관이 있었다. 어리석은 황제를 꼬드겨 승상이 된 후 어전에 사슴 한마리를 끌어다놓고 말이라고 불렀다. 그의 권세를 두려워한 많은 신하들이 말이라고 맞장구쳤지만, 말이 아니라 사슴이라고 바른말을 한 신하들도 있었다. 조고는 거짓으로 죄를 덮어씌워 그들을 모조리 죽여버렸다.

2022년 9월 22일 오전 9시 25분. 스마트폰 벨이 울렸다. 목요일 임원회의가 한창 진행 중인 시간이었다. 벨소리에 놀란 임원들이 나를 쳐다보았다. 난 핸드폰을 황급히 진동모드로 바꾸며 발신자를 확인했다. 김은혜 대통령실 홍보수석이었다. 회의 중이라 전화를 받지는 않았지만 궁금증이 일었다.

'무슨 일이지? 지금 김 수석은 뉴욕에 있을 텐데.'

윤석열 대통령이 영국 엘리자베스 여왕 장례식에 초청받아 런던에 들렀다가 뉴욕으로 이동한 직후였다. 홍보수석은 당연히 대통령을 수행하고 있을 터였다. 그런데 윤 대통령은 장례식만 참석하고 정작 여왕 시신이 안치된 웨스트민스터 사원에 가서 조문하지는 않아 '조문 없는 조문외교' 논란이 일고 있었다. 뉴욕에서 한미정상회담과 한일정상회담이 과연 열릴 수 있을지에 대해서도 언론이 주목하고 있었다. 이런 상황에서 대통령실 홍보수석이 MBC 사장에게 국제전화를 걸었다? 안부를 묻는 전화는 아닐 게 확실했다.

김은혜 수석과 나는 MBC 입사 동기라서 30년째 편하게 지내는 사이다. 기자 시절부터 그는 나를 '오빠'라고 불렀고 나는 '은혜야' 하며 부를 정도였다. 김 수석이 2007년 MBC를 떠나 이명박 정부의 청와대 대변인을 지내던 시절에도 우린 가끔씩 얼굴을 보며 지냈다. 그가 청와대를 나와 KT 임원과 MBN 앵커를 거쳐 국회의원이 됐을 때까지는 오히려 편하게 만날 수 있었다. 만나면 서로 근황을 묻고 차 한잔하는 정도였지만 기본적인 신뢰 관계는 유지하고 있었다. 그러나 지난 대선 때 그가 윤석열 캠프의 공보단장으로 합류한 뒤부터 우리는 편하게 안부를 묻는 통화는 불가능한 사이가 됐다. MBC에서 대선 후보 토론이 있을 때마다 윤석열 후보를 수행하던 그와 나는 인사를 나누기는 했지만 공과 사를 구별하며 서로 선을 넘지 않도록 조심하고 있었다.

그러다 MBC 탐사보도 프로그램 「스트레이트」에서 김건희 여사의 녹취록을 보도하기 며칠 전, 김은혜는 내게 보도 내용에 김건희 여사 측의 반론을 충실히 반영해달라고 요청했다. 나는 사장은 프로그램 내용에 관여하지 않으니 제작진에게 정식으로 요구하는 것이 좋겠다는 원칙적인 답변을 했다. 얼마 뒤 윤석열 후보가 대통령이 됐고 김은혜는 경기도지사 후보를 거쳐 대통령실 홍보수석으로 발탁됐다. 그리고 우리는 서로 연락하지 않는 사이가 됐다. 공영방송 사장과 대통령실 홍보수석이 통화하거나 따로 만나는 것 자체가 대단히 부적절하기 때문이다. 우리 둘 다 그 점을 잘 알고 있었다.

1분 뒤, 다시 스마트폰이 진동했다. 이번에도 발신자는 김은혜 수석이었다. 나는 역시 받지 않았지만 그가 두번이나 국제전화를 걸었다는 사실만으로 매우 급박한 용건이라는 것은 쉽게 추정할 수 있었다. 9시 45분, 임원회의가 끝난 뒤에야 비로소 그에게 전화를 했다. 이번에는 그쪽에서 받지 않았다. 뉴욕에서 대통령의 외교 일정과 관련된 중요한 이슈가 터진 걸까? 이리저리 추정을 해보다 나는 곧 결재서류를 검토하는 일상적인 업무에 빠져들었다. 1시간 쯤 뒤, 비서팀장이 사장실 문을 두드렸다.

"사장님, MBC 뉴스 유튜브 채널 혹시 보셨는지요?"

"아니 못 봤는데?"

"윤석열 대통령이 뉴욕에서 한 발언 때문에 기사가 났는데 엄청난 속도로 조회수가 올라가고 있습니다."

급히 유튜브를 열어봤다. '오늘 이 뉴스'라는 타이틀에 「카메라

켜진 줄 모르고?」라는 제목으로 윤석열 대통령의 발언을 보도한 뉴스가 업로드되어 있었다. 댓글은 이미 수천개가 붙어 있었다. 동영상을 보니 뉴욕에서 열린 글로벌펀드 재정공약회의에서 바이든 대통령과 48초간 환담을 나눈 윤 대통령이 박진 외교부 장관, 김성한 안보실장 등과 회의장을 나서며 한 발언이었다. 카메라에 찍히는 줄 모르고 한 발언이었지만 분명히 사적인 자리는 아니었다. 발언 내용은 '국회에서 이 새끼들이 승인 안 해주면 바이든은 쪽팔려서 어떡하나'였다. 내 귀에도 그렇게 들렸다. MBC는 '새끼'라는 비속어만 'XX'로 바꾸고 들리는 그대로 표기한 자막을 달았다. 아무리 비공식 발언이라고 해도 대통령의 말이라고 하기엔 귀를 의심할 만한 저속한 단어들의 조합이었다. 유튜브 댓글란의 분위기는 험악했다. 보나마나 큰 비난 여론이 일게 뻔했다. 비로소 김은혜 수석이 다급하게 국제전화를 한 이유가 짐작이 갔다. 몇가지 궁금한 점이 생겨서 박성호 보도국장에게 전화를 걸었다.

"윤 대통령 발언은 MBC 출입기자들만 확인한 건가요?"

"그럴 리가 있겠습니까? 대통령의 모든 발언은 대통령실 출입기자들 전체에게 공유됩니다. 뉴욕에서 함께 화면을 모니터링한 타사 기자들도 그렇게 들었다고 합니다. 이미 8시쯤부터 각 언론사에 보고가 들어가서 각사 정치부에 다 공유가 된 상황입니다."

"왜 이런 발언을 한 건가요? 이유가 있을 것 아닙니까?"

"출입기자들 보고에 따르면, 바이든 대통령이 의회와 협력해서 글로벌펀드에 60억 달러를 추가로 기부하겠다는 연설을 했다고 합니다. 그 직후에 윤 대통령과 바이든이 만났습니다. 비속어로 들리는 부분에 대해서 정확한 발언 맥락을 확인하기 위해 현장에서 계속 취재 중입니다."

그제서야 상황이 이해되기 시작했다. 그렇다고 발언의 저속함까지 이해되는 것은 아니었지만.

"우리 유튜브 채널에서 가장 먼저 보도한 건가요?"
"유튜브 뉴스는 제 소관이 아니라 잘 모르겠습니다. 우리가 제일 빨리 올린 것 같긴 한데 다른 언론들도 지금 기사를 쏟아내고 있습니다."

박성호 국장 말대로 유튜브 뉴스는 디지털뉴스국에서 별도의 팀이 따로 만든다. 요즘은 중요한 사건이 터질 경우 지상파 TV들도 정규 뉴스보다 유튜브로 먼저 속보를 내보내는 세상이다. 유튜브 뉴스를 제작하는 기자들은 보도국으로 들어온 영상을 보고 자체 판단에 따라 속보를 제작한다. 만약 김은혜 수석과의 통화가 이루어졌으면 어땠을까? 그렇다 하더라도 내가 보도국장이나 디지털뉴스국장에게 '홍보수석이 부탁을 해왔으니 기사를 신중하게 처리하라'고 지시할 일은 없다. 모든 뉴스는 보도국과 디지털뉴스국이 알아서 만든다. 기자들은 취재한 내용을 바탕으로 소신껏 기사를 쓴다. 데스크와 국장은 그것을 고치거나 손볼 수 있다. 그러나 사장은 일절 간섭하지 않는다. MBC는 그런 언론사다.

확인해보니 MBC 유튜브 채널이 윤석열 대통령의 발언을 보도한 것은 10시 7분이었다. MBC의 보도가 가장 빨랐다. 그 뒤를 이어 140여개의 언론사가 그날 하루 같은 내용의 자막을 달아 대통령의 발언을 보도했다. 하지만 MBC의 영향력이 가장 컸다. 해당 유튜브 기사는 무려 6백만이 넘는 조회수를 기록하면서 순식간에 인터넷 커뮤니티들과 각종 SNS에 공유되고 퍼져나갔다. 유튜브에는 수백개의 뉴스 채널이 있지만 MBC 채널이 독보적이다. 월간 조회수가 평균 5억회가 넘을 정도다. 그날 저녁에는 대부분의 방송들 역시 톱뉴스로 같은 소식을 전했다. 부적절한 발언에 대한 비판 여론이 순식간에 대한민국을 뒤덮었다. 야당은 '최악의 외교참사'라고 공세를 높였고 유승민, 홍준표 같은 여권 정치인들도 비판에 가세했다. 외신들은 문제의 발언을 영어로 번역해 전세계로 타전했는데 당시 AFP통신은 윤 대통령의 발언을 이렇게 번역했다.

"How could Biden not lose damn face if these f***ers do not pass it in Congress?"•

처음 나온 대통령실의 해명은 궁색했다. "사적 발언을 외교적 성과로 연결하는 것은 대단히 적절치 않다"는 게 공식 입장이었다. 기자들이 윤 대통령의 발언을 모니터링할 때 대통령실 관계자들도 그 자리에 함께 있었다고 한다. 따라서 대통령실도 처음에는

• 「윤 대통령 막말 파문, 프랑스 통신사도 보도했다」, 『오마이뉴스』 2022년 9월 22일.

발언 내용을 부정할 수가 없었고 '사적 발언이니 문제삼지 말아달라'는 취지의 입장을 내놓은 것이다. 진화를 시도했지만 애당초 그런 식으로는 진화가 될 수 없는 상황이었다. 윤 대통령이 미국 대통령과 의회에 외교적 결례가 될 수 있는 발언을 했다는 게 당시 기자들의 판단이었다. 그것도 '새끼'라는 비속어를 동원해서. 대통령실을 출입하는 대부분의 기자들이 그렇게 들었고 그대로 기사를 썼다. 당연히 불을 끄고 사태를 수습하려면 대통령이 직접 실수를 인정하고 사과를 하는 게 합리적인 방안이었다. 그래야 '사적 발언'이라는 해명도 통할 여지가 생길 것이다. 그러나 윤 대통령과 참모들의 선택은 정반대였다.

문제의 발언 이후 16시간이 흐른 22일 자정 무렵(한국 시간), 김은혜 수석이 갑자기 긴급 브리핑을 했다. 대통령의 발언 중 '바이든'은 기자들이 잘못 들은 것이고 사실은 대통령이 '날리면'이라고 했다는 것이다. 김은혜 수석은 브리핑에서 이런 표현을 썼다.

"다시 한번 들어봐주십시오. '국회에서 승인 안 해주고 날리면'이라고 되어 있습니다."●

다시 한번 들어봐달라니. 다시 들으면 '날리면'으로 들린다는 얘기였다. 매우 단정적인 표현이다. '바이든이냐 날리면이냐?' 온 국민의 술자리에서 안줏거리가 된 논란이 시작된 순간이었다. 대부

● 「"'바이든' 아니라 '날리면'" … 사과 없이 "국익 자해"」, MBC, 2022년 9월 23일; 「"'바이든' 아닌 '날리면'" … 15시간 만에 윤 발언 해명」, SBS, 2022년 9월 23일.

분의 언론은 윤 대통령의 발언이 미국 의회와 바이든 대통령을 지칭한 거라고 보도했는데 대통령실은 우리나라 국회를 언급한 것이라고 주장했다. 우리 국회가 뭘 승인 안 해준다는 거지? 그렇다면 '새끼들'은 야당인 더불어민주당을 지칭했다는 얘기인데 그 맥락은 더 이상하게 들렸다. 그러나 대통령실은 전혀 물러서지 않았다. 뉴스를 본 모든 사람들이 '바이든'으로 듣고 이해했는데 브리핑 이후에는 '날리면'으로 들린다는 사람들이 생겨나기 시작했다. 심지어 '바이든'으로 들린다고 말하는 사람을 민주당 지지자이거나 가짜 뉴스에 현혹당한 사람으로 몰아붙이는 보수 논객들도 등장했다. 정파적 입장에 따라 같은 팩트를 정반대로 해석하는 경우는 드물지 않았지만 청각기관의 능력에까지 영향이 미치는 것은 보기 드문 현상이었다.

'대통령의 입'인 김은혜 홍보수석이 '날리면'이라는 단어를 언급한 직후, 나는 본능적으로 불길한 예감에 휩싸였다. 정권의 언론탄압으로 해고됐던 경험 때문이었을까. 이것은 내가 여러차례 겪어본 바로 그 상황이었다. 지록위마指鹿爲馬. 사슴을 말이라고 우김으로써 세상을 현혹하는 권력자. 이 고사의 교훈에서 내가 주목하는 점은, 진나라 승상 조고가 사슴을 말이라고 우기는 데 그치지 않고, 말이 아니라 사슴이라고 바른말을 한 신하들을 모조리 죽여버렸다는 거다. 그리고 2022년 대한민국에서 벌어지는 지록위마의 희생양은 MBC가 될 가능성이 매우 높았다.

예감은 틀리지 않았다. 윤석열 정부의 MBC 죽이기가 시작된 것이다. 권성동, 김기현, 나경원 같은 국민의힘 정치인들이 먼저 총대를 멨다. 이들은 MBC가 대통령의 발언을 악의적으로 왜곡해 국익을 해쳤다고 주장했다. '가짜 뉴스, 조작 뉴스'라고 헐뜯었다. 무려 140여개 언론사가 윤 대통령의 비속어 발언을 보도했지만 MBC가 가장 먼저 기사를 냈으니 책임을 져야 한다는 어이없는 논리였다. 여당이 선공을 날리자 대통령실도 보조를 맞추기 시작했다. 김대기 대통령 비서실장 입에서는 '가짜 뉴스가 국민을 분열시키고 사회를 불안하게 한다'는 황당한 발언이 튀어나왔다. 압권은 9월 26일 윤석열 대통령의 순방 이후 첫 출근길 도어스테핑 발언이었다. 당시 발언을 정확히 옮겨보자.

"사실과 다른 보도로써 동맹을 훼손한다는 것은 국민을 굉장히 위험에 빠뜨리는 일이다. (…) 먼저 이 부분에 대한 진상이라든가 이런 것들이 더 확실하게 밝혀져야 된다고 저는 생각합니다."●

나는 이 발언을 유튜브 라이브로 보면서 놀라움을 감출 수 없었다. 대통령이 MBC 보도를 겨냥해 '사실과 다른 보도, 동맹 훼손, 국민을 위험에 빠뜨렸다'는 거친 표현을 사용했다. 그리고 '진상을 밝혀야 한다'고 했다. 그동안 윤 대통령의 출근길 발언이 정제되지 않은 표현으로 비판을 많이 받아왔지만 이번 발언이 대통령이 그냥 생각나는 대로 한 말일 가능성은 제로였다. 국민들의 눈과 귀가 집

● 「"사실과 다른 보도로 동맹 훼손" ‥ 말 뒤집는 대통령실」, MBC, 2022년 9월 26일.

중된 중요한 이슈에 대해 대통령의 메시지를 전하는 자리였다. 두 말할 필요 없이 참모들과의 회의를 거쳐 조율된 발언이었을 것이다. 그 점을 고려하면 대단히 강력한 메시지를 담은 발언이었다. 바로 '가짜 뉴스로 국민을 위험에 빠뜨린 MBC를 조사해서 처벌하라'는 메시지였다. 대통령이 보도 내용을 문제삼아 공영방송 언론인들에 대한 수사 지시를 직접 내린 것이라고 나는 판단했다.

나는 윤 대통령이 "저는 '날리면'이라고 말했지만 어찌 됐든 적절치 않은 말을 한 것은 저의 불찰이니 앞으로 조심하겠습니다. 언론인 여러분도 국익을 생각해서 확실하지 않은 내용은 보도에 신중을 기해주시기 바랍니다."라는 식으로 해명할 가능성도 있다고 봤다. 내가 대통령의 참모라면 그렇게 조언했을 것이다. 그랬다면 오히려 대통령에 대한 동정여론이 일고 언론이 비난받는 반전이 일어날 가능성도 있었다. 그러나 윤석열 정부는 최대한의 강공으로 정면 돌파하는 전술을 선택했다. '바이든'이라고 보도한 언론을 가짜 뉴스의 주범이라고 공격하면서 죽이기에 나선 것이다. 다 죽일 필요도 없었다. MBC 한 놈만 죽이면 나머지는 알아서 고개를 숙일 테니까.

패턴은 2008년과 완벽하게 같았다. 미국산 쇠고기의 무분별한 수입에 항의하는 촛불집회가 확산되자 이명박 정부는 MBC를 겨냥하기 시작했다. 광우병 이슈를 다룬 「PD수첩」이 허위, 조작 보도를 했다면서 방송통신위원회를 동원해 사과방송을 하라고 압박했다. 검찰은 「PD수첩」 제작진을 체포하고 명예훼손 혐의를 걸어 기소했다. 이들은 10년 뒤 대법원에서 모두 무죄판결을 받았다. 그러나 당시 정권은 마치 MBC PD들이 죽을죄를 저지른 매국노라도 된 듯 무서운 기세로 몰아붙였다. 지지율이 10퍼센트대까지 추락한 대통령과 정권의 위기를 돌파하기 위해 MBC를 제물로 삼은 것이다. 보수 언론들은 검찰이 흘려주는 일방적인 정보를 활용해 악의적인 기사를 써대며 MBC에 대한 총공세를 퍼부어댔다.

이번에도 정부와 여당은 일사불란하게 움직이기 시작했다. 주호영 원내대표 등 당 지도부가 총출동해 MBC를 매국 허위 방송이라 공격하는 동시에, 형사 고발과 손해배상 청구, 방송통신심의위원회 제소 등 모든 조치를 취하겠다고 선언했다. 첫번째 타깃은 사장이었다. 사실상 'MBC를 수사하라'는 윤 대통령의 메시지가 나온 다음 날, 국민의힘 의원이 내게 전화를 걸어왔다. 국회 과학기술정보방송통신위원회(약칭 과방위)에서 간사를 맡고 있던 박성중 의원이었다.

"박 사장, 오랜만이오."
"네 의원님, 오랜만입니다."

박성중 의원과는 여러차례 만나서 꽤 허물없는 사이였다. MBC 사장이 된 직후 한국방송협회 회장도 2년간 겸직했기 때문에 지상파 방송계의 현안 해결을 위해 과방위 여야 의원들을 많이 만났다. 이 가운데 여당 간사인 박 의원은 내가 40년을 살았던 서초동이 지역구인 데다 성격도 소탈한 편이어서 금세 친해질 수 있었다. 그러나 정권 교체 이후 박 의원은 나에 대해 날을 세우며 틈만나면 '사퇴하라'고 목소리를 높이고 있었다.

"내일 오전 11시에 우리가 MBC에 항의방문을 가기로 했으니 자리 비우지 말고 기다리세요."

항의방문? 국회의원들이 공영방송의 보도가 맘에 안 든다고 찾아와서 항의를 한다고? 어이가 없었지만 최대한 침착하게 대꾸했다.

"항의방문이요? 아이고 어쩌죠? 저는 오래전에 정해진 외부 일정이 있어서 그 시간에 회사에 없을 텐데요."
"아니 의원들이 방문한다는데 사장이 일정이 있어도 취소하고 만나서 얘기를 들어야 하는 거 아닙니까?"
"진짜 중요한 일정이라서 그럽니다. 이해해주십시오."

다음 날 국민의힘 의원들이 몰려왔지만 회사 앞에서 노동조합과 대치하다 나를 만나지 못하고 돌아갔다. 내게 외부 일정이 있다는 것은 거짓말이 아니었다. 물론 일정이 없었어도 나는 그들을 만나지 않았을 것이다.
국민의힘의 항의방문은 어차피 MBC를 공격하기 위한 명분 쌓기의 하나였다. 9월 29일 국민의힘은 사장인 나와 보도국장, 디지털뉴스국장, 그리고 보도를 한 기자들을 정보통신망법 위반과 명예훼손 혐의로 대검찰청에 고발했다. 검찰은 즉각 사건을 서울경찰청 사이버수사대로 이첩했다. 국민의힘은 MBC가 민주당에 윤 대통령의 비속어 발언 내용을 보도가 나오기도 전에 넘겼다며 이른바 '정언유착' 의혹까지 들고나왔다. 첫 보도가 나오기 전인 9시 30분에 민주당 박홍근 원내대표가 공개회의에서 대통령의 비속어 발언을 비판했으니 MBC 기자들이 미리 영상을 넘긴 게 아니냐는 논리였다. 이미 8시경에 각 언론사에 대통령 발언이 보고되고 정치부 기자들을 통해 확산되는 중이었다는 점을 고려하면 MBC가 민주당에 영상을 넘겼다는 추정은 아무런 근거가 없었다. 그러나 국민의힘 의원들에게 근거는 필요하지 않았다. 그들은 MBC를 공격하기 위한 최소한의 빌미만 있으면 고민 없이 이를 마구 활용했다. 심지어 '박성제 사장이 엠바고 해제 전에 보도가 널리 유포되도록 지휘하고 승인한 것으로 추정된다'는 황당한 주장까지 등장했다. 그야말로 '아무 말 대잔치'였다.

경찰 수사 역시 MBC와 민주당의 유착 의혹을 파헤치는 쪽으로 방향을 잡고 있었다. 보도에 대한 수사와는 별도로 전방위적 압박이 더욱 거세졌다. MBC는 이미 5년마다 실시되는 정기 세무조사를 받고 있었는데 그 강도가 높아졌다는 실무팀의 보고가 전해졌다. 최승호 전 사장과 내가 제3노조 소속 기자들을 탄압했다는 이유로 검찰 수사를 받게 될 것 같다는 법무팀의 보고도 있었다.

이럴 때 공영방송 사장은 어떻게 처신해야 할까? 사법기관을 동원한 정권의 압력에 직면한 MBC 기자들에게 사장이 어떤 메시지를 전할 것이냐가 어느 때보다 중요한 순간이었다. 나는 임원회의에서 선언했다.

"언론인이 개인적으로 저지른 범죄가 아닌, 보도의 내용을 문제삼아 수사하는 것은 언론탄압입니다. 경찰이 소환장을 보내더라도 응하지 말 것을 사장으로서 지시합니다. 압수수색에도 응하지 않을 것입니다. 기자들은 차라리 체포되어 끌려갈지언정 제 발로 출두하지 마십시오. 만약 체포영장이 집행되어 기자들이 끌려가면 전부 촬영해서 뉴스로 내보냅시다."

언론이 정권의 부당한 탄압에 맞서는 방법은 그렇게 거창하지 않다. 언론자유가 얼마나 소중하고 언론의 책무가 얼마나 무거운지, 그걸 아는 언론인들이라면 숨죽이고 기죽어서 지낼 수는 없는 노릇이다. 쫄지 않으면 된다. 그러려면 누구보다 사장이 먼저 쫄지 않아야 한다. 자신들이 바른 보도를 했는데도 사장이 겁을 먹고 흔들리면 기자, PD 들은 몇배로 흔들리게 된다. 그리고 내부 분열과 책임 전가가 시작된다. 그렇게 되면 처음에는 지지했던 국민들도 등을 돌리게 된다.

'오직 국민만 바라보고 간다. 권력과 타협하지 않는다.'

보수정권의 방송장악에 맞서 싸웠지만 결국 분열되고 패배한 경험을 지닌 MBC의 언론인들이 몸으로 체득한 신념이다. 나는 그 신념을 지키기 위해 MBC 사장이 됐고 사장이 된 후에도 단 한번도 잊지 않았다.

1부

MBC 살리기 1:
험난한 뉴스 재건의 길

MBC의 몰락, JTBC의 비상

2016년 11월의 어느 토요일 밤, 박근혜 대통령 퇴진을 요구하는 촛불의 물결이 광화문 일대를 가득 뒤덮은 날이었다. 해직 언론인이었던 나 역시 촛불을 든 시민들과 함께 구호를 외치면서 행진하고 있었다. 저 멀리 MBC 뉴스 중계차가 눈에 들어왔다. 혹시 내가 아는 후배가 생방송을 하고 있나 하는 반가운 마음에 중계차를 향해 인파를 뚫고 접근했다. 그리고 나는 귀를 의심할 수밖에 없었다.

"어용방송 MBC 물러가라!"
"엠빙신 꺼져! 여기가 어디라고 너희들이 방송을 해?"

시민들의 고함과 조롱이 기자와 중계진을 향해 쏟아지고 있었다. 뉴스를 준비하던 젊은 기자는 당황한 기색이 역력했다. 결국 집회 현장에서 쫓겨나는 중계차를 보며 나는 마음 한구석이 무너져 내렸다. 반면 근처에 있던 JTBC 중계차를 둘러싼 시민들의 반응은 정반대였다.

"JTBC 화이팅! 손석희 최고다."
"JTBC 너희들만 믿는다!"

마이크를 잡은 기자는 환호를 한몸에 받고 있었다. 음료수와 빵을 건네주는 시민들도 많았다. 그만큼 손석희 앵커가 이끄는 JTBC의 메인뉴스 「뉴스룸」의 인기는 대단했다. 박근혜 정권에서 JTBC가 최고의 신뢰도를 누리는 언론사로 등극했던 비결은 무엇일까? 화제의 인물을 자유롭고 대담하게 인터뷰하는 노련한 진행, 늘 현장에 있는 기자들, 한번 이슈를 선택하면 끝까지 놓지 않는 '어젠다 키핑'Agenda Keeping, 방송 뉴스 최초로 시도한 팩트체크 저널리즘…… 많은 전문가들이 다양한 설명을 내놓은 바 있다. 모두 일리는 있지만 본질은 비켜 가는 분석이라고 본다. 핵심은 손석희의 뉴스가 만들어낸 스테이션 이미지에 있다. 그 이미지는 하루아침에 완성되지 않는다.

2006년 MBC를 떠났던 손석희는 2013년 JTBC의 보도담당 사장이 된다. 그리고 직접 메인뉴스 앵커석에 앉았다. 처음 몇달은 큰 주목을 받지 못했다. 뉴스의 차별성을 시청자들이 인식하는 데는 시간이 걸리기 때문이다. 그러나 JTBC 뉴스를 계속 관찰하던 나는 다른 방송 뉴스와의 확실한 차별점을 주목했다.

예를 들어 2013년 12월 철도노조가 파업에 돌입했을 때를 보자. 대부분의 언론은 정부의 강경대응 방침을 강조하거나 정부와 노조의 대립 양상을 무미건조하게 중계할 뿐이었다. 그러나 12월 26일 JTBC는 전국민주노동조합총연맹 사무실에 피신해 있던 김명환 철도노조 위원장을 전화로 직접 연결해 6분 동안 인터뷰했다. 노조의 주장만 일방적으로 전달한 것도 아니었다. 국토교통부 철도국장을 스튜디오에 출연시켜 정부 입장도 충실하게 보도했다. 나는 그 뉴스를 보면서 조만간 JTBC가 일을 낼 것이라고 확신했다. 그리고 페이스북에 다음과 같은 글을 올렸다.

JTBC 손석희 앵커가 피신 중인 철도노조 위원장과 단독 전화 인터뷰를 했다. 뉴스의 중심 인물이라면 그 누구든 라이브로 인터뷰한다. 그야말로 성역 없는 보도 아닌가? 예전 김대중, 노무현 정권 때 MBC도 못하던 거다. 리더 한명이 조직을 얼마나 바꿔놓을 수 있는지 증명하는 생생한 사례다.

JTBC 뉴스는 내가 예상했던 것보다 더 빨리 시청자들의 마음을 얻기 시작했다. 바로 2014년 세월호참사 보도를 통해서였다. 세월호참사는 전국민에게 엄청난 충격과 슬픔을 안겼지만 언론에 대한 경멸 역시 본격적으로 확산되는 계기로 작용했다. 시민들은 '전원 구조'라는 최악의 오보에 경악했고, 구조 현장에서 기자들이 보여준 부끄러운 행태에 분노했다. 너도나도 '기레기'라는 단어를 입에 올리기 시작했다. 단독과 속보 경쟁, 조회수에만 눈이 먼 선정적 보도가 판을 쳤다. 공영방송들은 정부의 책임을 가리기 위해 뜬금없이 유병언 전 세모그룹 회장에 대한 수사 속보에 열을 올렸다. 심지어 보수 신문들은 세월호 유족을 능멸하는 칼럼과 사설을 실었다.

그러나 JTBC는 참사 열흘째인 4월 25일, 손석희 앵커가 직접 진도 팽목항에 내려가서 뉴스를 진행하는 결단을 내린다. 다음 날인 4월 26일은 오바마 미 대통령의 방한이 예정돼 있었다. 손석희 앵커는 그의 저서 『장면들』에서 '이래서 이 참사는 또 묻히는 걸까' 하는 생각이 들었다고 술회했다.

세월호참사라는 의제를 오랫동안 유지했던 것은 우리의 의지만으로 가능했던 일은 아니었다. 세월호참사가 조금씩 톱뉴스에서 내려오기 시작했을 때 우리는 팽목항으로 내려갔고, 그때부터 실종자 가족들이 의지할 곳은 JTBC가 되었던 것 같다. 가족들이 머물고 있던 진도체육관 내 공청 텔레비전의 채널도 점차 뉴스전문 채널에서 JTBC로 바뀌기 시작했다. 처음에 실종자 가족들이 보냈던 불신의 눈초리도 시간이 지나면서 조금씩 호의적으로 변해갔다. 가족들은 우리에게 마음을 열어주었고 아이들의 유품도 우리를 통해 공개했다. 기꺼이 출연도 했으며, 자신들의 아픔을 말해주었다. 또한 각종 제보도 들어오기 시작했다. 아마도 우리가 팽목항으로 가지 않았다면 일어나지 않았을

일들이다.●

    JTBC 「뉴스9」은 그후에도 무려 1백일 동안 세월호 관련 보도를 톱블록에 배치했다. 구조가 이루어지지 못한 과정을 끈질기게 취재했고, 유족들의 목소리를 충실히 전달하며 정부의 책임을 다각도로 파고들었다. 특별한 속보가 없어도, 시청률이 떨어져도 개의치 않았다. 손석희 앵커는 이것을 '어젠다 키핑'이라고 설명했다. 그러나 나는 '어젠다 키핑'은 본질이 아니라고 생각한다. 어젠다를 지켜내는 게 중요한 게 아니라 어떤 어젠다를 지켜내느냐가 중요하기 때문이다. 시청자들은 안다. 뉴스의 진심을. 손석희와 JTBC 기자들은 진심으로 세월호참사의 희생자들과 유족들을 위해 보도한다는 인식을 국민에게 심어주었다. 그리고 이런 인식은 2년 뒤 박근혜 정권 탄핵의 도화선이 된 '국정농단 태블릿PC 특종'으로 연결됐다.

    이에 비해 MBC의 세월호 보도는 처참한 수준이었다. 참사 2주 뒤인 4월 29일의 메인뉴스를 비교해보자. 박근혜 대통령이 세월호참사에 대한 대국민 사과를 한 날이다. MBC 「뉴스데스크」는 대통령 사과와 조문을 톱뉴스로 배치하고 국가안전처 신설 구상과 분향소 표정을 전한 뒤, 유병언 전 세모그룹 회장을 비난하는 뉴스를 무려 6개나 내보냈다. 반면 JTBC 「뉴스9」은 진도 현장 상황과 민간 수색업체 관련 의혹 10꼭지를 특종 보도로 40분 동안 내보낸

● 손석희 「장면들」, 창비 2021, 44~45면.

다음에야 대통령 사과 소식을 전했다. 누가 봐도 MBC는 물타기와 초점 흐리기에 열중했고 JTBC는 선택과 집중으로 핵심 이슈를 부각한 것이다. 그날 두 방송사 뉴스의 시청률은 5.4퍼센트로 같았지만 MBC는 계속 추락하는 중이었고 JTBC는 비상하고 있었다.

5월 7일, 「뉴스데스크」는 「〔함께 생각해봅시다〕 분노와 슬픔을 넘어서」라는 칼럼 형식의 리포트를 내보냈다. 리포터는 보도국의 박상후 전국부장이었지만 MBC 뉴스 지휘부의 생각이 담긴 칼럼이었다.

침몰 현장에 오니 마음이 아프다면서 "간만에 애국하러 왔다"는 글을 카카오스토리에 올린 이광욱 잠수부는 차디찬 바다에 뛰어들었다가 운명을 달리했습니다. 잠수가 사실상 불가능하다는 맹골수도에서 시신을 수습하기 위해 목숨을 바친 겁니다. 조급증에 걸린 우리 사회가 왜 잠수부를 빨리 투입하지 않느냐며 그를 떠민 건 아닌지 생각해봐야 할 대목입니다. (…)

실제로 지난달 24일 일부 실종자 가족들은 해양수산부 장관과 해양경찰청장 등을 불러 작업이 더디다며 압박했습니다. (…)

어린 넋들을 불의의 사고로 잃은 크나큰 슬픔은 누구라도 이해할 수 있습니다. 그러나 이제는 분노와 슬픔을 넘어, 처음부터 무엇이 잘못됐는지를 냉철하게 이성적으로 따져보고 참사를 불러온 우리 사회 시스템 전반을 어떻게 개조해야 될지 고민할 때입니다.•

충격적일 만큼 뻔뻔한 논평이었다. 실종자 가족들의 조급증이 정부와 해경을 압박하고 잠수부를 위험한 곳으로 떠밀었을지 모른다며 꾸짖고 있었다. 참사와 구조 실패의 책임에는 눈을 감으면서, 이제 분노와 슬픔을 억누르고 사회 시스템을 바꾸자고 강변했다. 나는 이 리포트를 보면서 '이제 MBC 뉴스는 끝났다. 시청자들의 눈과 귀를 가리는 것을 넘어 이제 죄를 짓고 있다. 절대 국민들이 용서하지 않을 것이다'라고 결론 내렸다. 2012년 파업 이후 취재부서에서 쫓겨나 있던 MBC 기자들도 비슷한 심정이었던 것 같다. 5월 13일, 전국MBC기자회가 절박한 내용의 성명을 냈는데 그 마지막 대목이 눈길을 끌었다.

해직과 정직, 업무 배제와 같은 폭압적 상황 속에서 MBC 뉴스는 걷잡을 수 없는 나락으로 떨어지고 있다는 MBC 기자회의 주장에도 공감합니다. 세월호참사와 관련한 이런 '보도 참사'들이 고쳐지지 않는다면 MBC는 절대 국민들로부터 용서받을 수 없을 것입니다. (…)

전국MBC기자회는 세월호 실종자 가족과 유족들, 그리고 국민에게 MBC의 구성원으로서 진심으로 사죄드립니다. MBC가 언론 본연의 모습을 되찾을 수 있도록 노력하겠다는 약속을 드리고 싶지만 MBC를 둘러싼 환경이 이런 말을 꺼내는 것조차 부끄럽게 합니다. 지켜질지 불투명한 약속은 또다른 기만이기

● 「(함께 생각해봅시다) 분노와 슬픔을 넘어서」, MBC, 2014년 5월 7일.

때문입니다. 다시 한번 고개를 숙여 사죄합니다.

그리고 하늘나라에 가 있는 희생자들이시여 우리들을 절대 용서하지 마소서!*

오죽하면 MBC 기자들이 세월호 희생자들에게 MBC를 용서하지 말라고 했을까. 나는 절망 속에서 스스로에게 자문했다. 어떻게 해야 MBC가 다시 '만나면 좋은 친구'로 돌아올 수 있을까. 답이 보이지 않았다. 그동안 서서히 가라앉던 MBC 뉴스는 이제 완전히 침몰할 것이다. 슬픈 사실은 MBC를 다시 끌어올려줄 리더가 없다는 것이다.

최순실(개명 후 최서원) 일당의 국정농단 의혹이 들불처럼 번져가던 2016년 10월 18일, JTBC 보도국의 막내기자가 최순실의 회사 '더블루케이'의 빈 사무실 책상 서랍 안에서 태블릿PC를 발견했다. 많은 기자들이 찾아왔지만 빌딩 관리인 노광일 씨는 더블루케이의 문을 열어주지 않았는데, 세월호 보도를 열심히 한 JTBC 기자라는 사실에 마음을 열었다고 한다. 그는 신문들을 믿지 않으며 뉴스는 아예 JTBC만 본다고 말했다고 한다. 뉴스가 시청자의 마음을 얻으면 어떤 일이 벌어지는지 확인시켜주는 일화다. 손석희 앵커는 그의 책에서 나중에 노광일 씨와 통화했던 사실을 밝히면서 태블릿PC를 발견한 것은 운이 좋아서가 아니었다고 자평했다.

● 전국MBC기자회 「최악의 오보는 막을 수 있었습니다!」, 2014년 5월 13일.

그(노광일 씨)도 더블루케이의 문을 우리에게 열어준 이후 수
없이 많은 고초를 겪었다. 검찰 조사도 받아야 했고, 재판에 증
인으로도 나가야 했으며, 신변의 위협을 받기도 했다. (…)

나는 노광일 씨와의 통화 이후, 태블릿PC는 우리가 운이 좋
아서 발견한 것이 아니라는 생각을 다시 한번 하게 되었다. 그
것은 박근혜 정부 내내 대부분의 언론들이 자의건 타의건 정부
비판에 인색했을 때, 힘들게 'No'라고 했던 지난했던 과정의 결
과였다. 특히 세월호참사에 대한 보도를 미련하도록 지켜낸 결
과였던 것이다.●

예전에는 MBC가 시청자들의 마음을 대변하는 역할을 했다. 그
러나 이제는 JTBC가 그 자리를 가져가버렸다. 단순히 대통령을
비판한다고 1등 뉴스가 되지 않는다. 해직 언론인이었던 내게는
중요한 깨달음이었다. 뉴스를 살리려면 시청자의 마음을 읽고 시
청자 눈높이에 맞춰야 한다. 시청자와 공감하는 뉴스. 그것이 특종
보다 더 중요하다.

마지막 총파업으로 MBC 정상화의 길을 열다

2017년 3월 10일, 박근혜 대통령이 결국 탄핵으로 파면됐다. 그

● 손석희, 앞의 책 103~104면.

리고 두 달 뒤, 이른바 장미대선을 거쳐 문재인 정부가 들어섰다. 그러나 MBC에는 아직 봄이 돌아오지 않았다. MBC 대주주인 방송문화진흥회(약칭 방문진)는 임기를 마친 안광한 사장의 후임으로 이미 2월 말에 김장겸 보도본부장을 임명한 상태였다. 박근혜 정부 시절 구성된 방문진 이사회의 임기가 남아 있었기 때문이다. 방문진 이사장은 검사 출신인 고영주 씨였는데, 5공화국 때 사회과학 독서모임 회원 22명을 영장 없이 체포해 고문·기소한 용공 조작 사건, 이른바 '부림사건'의 수사검사였다. 고씨는 박근혜 대통령 당선 직후 보수단체 행사에 참석해 "부림사건은 민주화운동이 아니고 공산주의운동이었다" "문재인 후보는 공산주의자이고, 이 사람이 대통령이 되면 우리나라가 적화되는 건 시간문제" 등의 발언을 했다.[*] 또 촛불집회에 대해서는 "집회에 참여한 사람들은 다 민주노총이나 전교조에 동원된 사람들이고 시민은 없다"는 망언을 하기도 했다.[**]

윤석열 정부에서 '진실·화해를 위한 과거사정리위원회' 위원장으로 임명돼 자격 논란을 빚고 있는 김광동 씨도 당시 방문진 이사였다. '광주민주화운동에 북한군이 개입했을 가능성이 있다'고 한 데 더해 '5·18 때의 헬기 사격은 허위 사실'이라고 주장했던 인물이다.[***] 이밖에 전경련 산하 자유기업센터 소장 권혁철 씨, 보수 성향의 변호사 모임인 '행복한 사회를 위한 변호사모임' 회장

[*] 「MBC 방문진 이사장, 동영상 보니 "문재인은 공산주의자"」 『한겨레』 2015년 9월 3일.
[**] 「고영주 방문진 이사장 "애국시민들은 MBC만 봐"」 『중앙일보』 2017년 1월 19일.
[***] 「김광동 "5·18, 북한 개입 가능성 배제할 수 없다" 또 주장」 『경향신문』 2023년 3월 13일.

이인철 씨 등이 방문진 이사로 버티고 있었다.

이런 인사들이 MBC의 새로운 수장으로 내세운 김장겸 씨는 어떤 인물일까. 그는 김재철 사장 때 보도국 정치부장이 된 뒤 세월호참사가 발생한 2014년 보도국장을 지냈던 사람이다. 앞에서도 지적했듯 MBC 뉴스가 국민들로부터 외면받은 결정적 계기가 된 것은 세월호참사 관련 보도였다.

『한겨레』 보도에 따르면 당시 김장겸 보도국장은 편집회의에서 세월호 실종자 가족들을 두고 "완전 깡패네. 유족 맞아요?"라고 발언했다고 한다. 박상후 전국부장이 '해양수산부 장관이 실종자 가족들을 만난 현장이 방송 카메라를 들이대면 돌 던지는 분위기'라는 식으로 보고하자, 이처럼 말했다는 것이다.[•]

세월호참사 보도와 관련해 당시 학생들이 촬영한 휴대전화 영상의 사용을 금지하고, 오열하는 유가족의 얼굴을 내보내지 못하게 하며, 슬픈 음악을 넣는 것도 불허하는 영상편집부장의 지침이 있었는데, 이게 김장겸 국장의 지시에 따른 것이라는 노동조합의 폭로도 있었다.[••]

김장겸 보도국장은 2015년 다시 보도본부장으로 승진해서 박근혜 정부가 끝날 때까지 뉴스를 지휘했다. 2016년 촛불이 광장을 가득 메운 순간에도 「뉴스데스크」는 JTBC의 태블릿PC 입수 경위를 문제삼는 보도를 집중적으로 내보냈다. 그리고 그가 사장이

• 「(단독) MBC 보도국장, 유족 '깡패' 지칭 논란」, 『한겨레』 2014년 5월 13일.

•• 전국언론노조 MBC본부 기자회견, 2017년 10월 31일.

된 후 「뉴스데스크」는 대선 막판 국민의당이 문재인 후보 아들의 취업과 관련해 조작된 증인 녹취를 공개하자, 선거 전날까지 나흘 동안 집중 보도했다.

김장겸 씨가 승승장구하는 동안 MBC의 신뢰도는 반비례해서 추락했다. 한마디로 MBC 뉴스가 몰락하는 데 가장 책임이 큰 인물이 사장이 된 것이다. 박근혜 정권 아래서 '엠빙신'으로 조롱받던 MBC는 '촛불혁명'으로 정권이 교체된 후에도 홀로 망가지고 있었다.

이렇게 철옹성 같던 MBC에 작은 변화의 바람이 불기 시작했다. 6월 2일, 김민식 PD가 페이스북 라이브를 통해 회사 안에서 "김장겸은 물러나라"를 외치는 동영상을 올렸다. 이 영상은 큰 화제를 불러일으키며 SNS를 통해 널리 퍼져나갔다.

김민식은 내가 가장 좋아하는 후배 중 하나다. 예능PD로 입사했는데 시트콤 「뉴 논스톱」으로 대박을 치더니 드라마PD로 직종을 바꿔서는 「내조의 여왕」 같은 히트작을 만든 이른바 에이스였다. 그뿐만 아니라 그가 쓴 책 『영어책 한 권 외워봤니?』(위즈덤하우스 2017)는 무려 25만부나 팔려나가면서 초대박 베스트셀러가 됐다. 그 특유의 선하고 낙천적인 기질과 재기발랄한 성품 덕분에 그와 대화를 나누면 나는 한없이 즐거워진다. 그가 올린 영상을 보고 돈키호테 같은 용기에 놀라 입을 다물지 못하다가 전화를 걸었던 기억이 난다.

"갑자기 왜 그런 무모한(?) 짓을 한 거야?"

그의 대답은 영상만큼이나 엉뚱했고 감동적이었다.

"박 선배, 그냥 한 거예요. MBC 살리려면 내가 무슨 일을 할 수 있을까 고민하다가 아무거나 해본 거라니까요. 김장겸은 물러나라! 그냥 회사 안에서 외치면 되잖아요. 남들이 안 하면 나 혼자라도 소리 지르는 거죠."

그의 외침에 감동했던 사람이 나뿐이었을까. 분명 평범한 사원들의 가슴에도 불이 당겨졌을 것이다. 일주일 뒤 김연국 노조위원장과 사원 1백여명이 회사 로비에서 "김민식 PD를 외롭게 둘 수 없다"며 "김장겸은 물러나라"를 함께 외쳤다. 사내 인트라넷에는 사장 퇴진을 촉구하는 기명의 성명들이 수없이 올라왔다. 경영진은 성명들을 삭제하고 김 PD를 징계하겠다고 선언했지만 대세를 바꿀 수는 없었다.

8월 8일에 공개된 이른바 'MBC 블랙리스트'는 충격적인 내용으로 사원들의 분노에 불을 질렀다. '카메라기자 성향분석표'와 '요주의인물 성향'이라는 제목의 문서였다. 경영진 중 한명이 작성했는데, 2012년 파업 이후 사원들을 4개 등급으로 분류해놓고 인사평가와 인력배치에 활용한 것으로 추정된다. 심지어 기자들을 회사에 대한 충성도, 노조와의 관계, 정치적 성향 등에 따라 ☆☆, ○, △, × 등급으로 분류하고 '인물평'까지 남겼다. '×등급' 대상자들에 대해서는 '현 체제 붕괴를 원하는 이들'(절대) 격리 필요'

'보도국 외로 방출 필요' '주요 관찰 대상' 등 노골적인 표현들을 사용했다.[•] 카메라기자들은 즉각 제작 거부를 선언했다. KBS에서 도 편파 방송의 책임자인 고대영 사장에 대한 퇴진 요구가 달아오 르고 있었다. 결국 9월 4일 MBC, KBS 양대 공영방송 노조는 김 장겸, 고대영 사장 퇴진을 내걸고 동시 총파업에 돌입한다.

MBC, KBS 파업이 큰 이슈가 되면서 꿈쩍 않던 방문진에도 균 열이 시작됐다. 박근혜 정부 측 추천 이사였던 유의선 이화여대 교수가 파업 나흘 만에 사퇴한 것이다. 유의선 이사의 전격 사퇴 결심에는 MBC 안의 이대 출신 언론인들의 호소가 결정적 영향을 미친 것으로 보인다. 김보슬 PD와 김수진 기자, 이재은 아나운서 등 이대 출신 사원 17명이 유 이사에게 이메일을 보냈는데 "졸업 생과 재학생 들에게 부끄럽지 않은 공영방송 이사로서의 역할을 해달라"고 간곡하게 사퇴를 촉구하는 내용이었다.

파업 46일째인 10월 19일에는 역시 박근혜 정부 추천 이사였던 김원배 이사가 사퇴했다. 사퇴한 이사들의 후임으로 김경환 상지 대 교수와 이진순 민주언론시민연합 정책위원이 선임되면서 방문 진 이사 구성이 6:3에서 4:5로 역전됐다. 11월 2일 고영주 방문진 이사장에 대한 '불신임과 해임 건의안'이 통과되고, 11월 13일에 는 드디어 김장겸 사장이 해임됐다.

그날 난 여의도 방문진 건물 앞에서 열린 노동조합 집회를 지켜 보고 있었다. 해임안이 가결됐다는 소식이 전해진 순간, 사원들이

• 「기자 등급 분류·요주의 인물…MBC판 '블랙리스트' 있었다」, 『한겨레』, 2017년 8월 8일.

서로 얼싸안고 환호를 지르던 기억이 생생하다. 김연국 노조위원장과 김민식 PD는 눈물을 펑펑 쏟았다. 나는 "이렇게 좋은 날 울긴 왜 우냐"며 두 사람의 어깨를 두드려줬다. 그리고 건물 뒤편으로 가서 몰래 눈물을 닦았다.

김장겸 해임이 언론계에서 갖는 의미는 실로 지대하다. 박근혜 대통령 탄핵이 우리 현대사에서 국민들이 선거가 아닌 평화적 혁명으로 권력자를 끌어내렸다는 중대한 의미를 가진다면, 김장겸 해임은 언론탄압에 항거하다 꺾인 후, 촛불광장에서 용기를 얻은 공영방송 종사자들이 다시 싸워 MBC 정상화의 길을 연 것이다. 나 혼자만의 생각은 아니다. 당시 『한겨레』에 실린 「김장겸 해임, '공영방송 정상화' 시동 걸었다」라는 사설을 보자.

김장겸 '문화방송'MBC 사장이 13일 결국 해임됐다. 사장에 오른 지 8개월여, 전국언론노조 문화방송본부가 파업에 들어간 지 71일 만이다. (…)

추락한 뉴스 시청률과 신뢰도가 말해주듯 문화방송이 이명박-박근혜 정권 9년 사이에 공영방송이란 말이 무색할 정도로 처참하게 망가진 건 주지의 사실이다. 대주주인 방송문화진흥회(방문진)가 김 사장을 해임한 주된 이유 역시 그가 방송의 공정성·공익성을 훼손하고 노조를 탄압하는 행태로 결국 국민 신뢰를 잃어버렸다는 것이다. (…)

이제는 문화방송을 공영방송답게 원래 위치로 돌려놓는 게 중요하다. "황무지에서 새로 시작하려면 굉장히 힘들 것"이란 이용마 기자의 말처럼 구성원들이 지혜를 모아야 한다. 사장 선임을 비롯한 새 체제 구축을 서두르는 것과 함께 그동안의 내부 상처를 잘 치유해 새살이 돋게 해야 한다. 무너진 국민 신뢰를 회복하는 길이기도 하다.•

『한겨레』의 주문처럼 MBC가 무너진 국민 신뢰를 회복하기 위한 첫 과제는 당연히 훌륭한 인물을 새로운 사장으로 선출하는 것이었다. 내가 생각하는 최고의 사장감은 최승호 PD였다.

불세출의 저널리스트 최승호

김장겸 해임 이후 최승호가 사장이 된 것은 MBC 역사에서 중요한 사건이지만 그 과정도 자세히 짚어볼 필요가 있다. 어떤 이들은 말한다. '보수정권의 낙하산 사장과 문재인 정권의 최승호, 박성제 사장이 무슨 차이가 있냐. 어차피 KBS, MBC 사장은 청와대가 정하는 것 아니냐'는 것이다. 일견 그럴듯한 주장이다. 김대중 정부 시절에는 공영방송 사장 선임에 청와대나 여당의 실력자가 힘을 쓰는 일이 잦았기 때문이다. 하지만 노무현 대통령 때부터 변화가 일었다. 정부·여당이 선호하는 후보가 탈락하고 방문진 이사들이 독립적으로 내세운 인물이 사장이 되는 일이 벌어졌다.

• 「김장겸 해임, '공영방송 정상화' 시동 걸었다」, 『한겨레』 2017년 11월 14일.

특히 문재인 대통령은 공영방송 사장 선임에 전혀 개입하지 않았다. 난 최승호가 사장이 되는 과정을 처음부터 끝까지 지켜봤기 때문에 잘 알고 있다. 오히려 최승호는 여당인 민주당 내부에서 반대가 많았던 후보였다. 지금부터 최승호가 MBC 사장이 된 과정을 최대한 자세히 설명하고자 한다.

최승호는 어떤 인물인가? 나는 평소 최승호 선배를 '불세출의 저널리스트'라고 불렀다. 그만큼 그는 MBC PD 저널리즘의 상징 같은 인물이다. 그는 1986년에 시사교양PD로 MBC에 입사했다. 대학 때는 연극반 활동을 열심히 했는데 한때 배우가 될 생각까지 했다고 한다.

「PD수첩」으로 유명해진 그였지만 조연출 생활을 마치고 처음 연출했던 프로그램은「경찰청 사람들」이었다. 평균 시청률 30퍼센트가 넘을 정도로 인기 프로그램이었는데, 그는 거기서 능력을 인정받아 1995년 「PD수첩」 PD가 된다. 그는 첫해 '금정굴 양민학살 현장'을 발굴하는 특종으로 두각을 보였다가, 그후 「이제는 말할 수 있다」, 5·18 광주민주항쟁 다큐멘터리 등을 만들면서 독보적인 탐사저널리즘의 영역을 개척해나갔다. 2003년에는 선후배들의 강압(?)에 못 이겨 노조위원장이 된다. 노조 생활을 마친 뒤 「PD수첩」 책임프로듀서로 복귀하면서 앵커까지 맡았다. 그리고 2005년 MBC 역사상 최대의 위기로 기록될 '황우석 사건'을 만나게 된다.

황우석 사건은 굉장히 특이한 사건이었다. 당시 한학수 PD가 국민적 영웅이었던 황우석 박사의 '대국민 사기극'을 취재하면서 조금씩 진실을 밝혀가자 국민들은 큰 혼란에 빠졌다. 그러다 한

PD가 핵심 관련자를 인터뷰하면서 '검찰이 수사할 것'이라고 얘기한 사실이 YTN에 보도됐다. MBC는 취재윤리를 위반했다는 비난에 직면하면서 절체절명의 위기에 몰리게 된다. 나중에 YTN이 황 박사의 부탁으로 '청부 취재'를 했다는 사실이 드러났지만 당시 모든 미디어와 인터넷은 MBC를 규탄하는 목소리로 도배되고 MBC는 광고가 모두 떨어져 나갈 지경까지 몰렸다. 유시민 의원도 「PD수첩」이 모르는 분야를 무모하게 덤빈 것"이라면서 "부당한 방법으로 과학자를 못 살게 구니까 방송국이 흔들흔들하고 광고가 끊어졌다"고 말했다.

비난과 압박을 견디지 못한 당시 최문순 사장은 최승호, 한학수 PD를 징계하고 「PD수첩」 제작진에서 배제시켜버렸다. 「PD수첩」이 폐지될 거라는 얘기까지 나돌았다. 당시 나는 미국에서 연수 중이었는데 회사의 조치에 대해 '이건 좀 아닌데'라는 생각이 들어 최승호 선배에게 국제전화를 걸었다. 걱정하는 내게 최승호는 자신 있는 목소리로 이렇게 말했다.

"박 기자, 걱정 마. 나를 믿어야 돼. 황우석 박사의 거짓말은 곧 드러날 거야. 줄기세포가 조작됐다는 것을 꼭 방송해야 돼."

그의 말대로 황우석의 사기극은 전문가들에 의해 낱낱이 밝혀지고 결국 「PD수첩」 '누가 줄기세포를 보았는가' 편은 뒤늦게 전파를 탔다. 몇달 뒤 최승호, 한학수 두 PD는 PD가 받는 가장 큰 상인 '최고프로듀서상'을 수상한다.

최승호는 그후 「W」 책임프로듀서로 보직을 바꿨다가 2009년 「PD수첩」 현장 PD로 복귀한다. 그리고 이듬해인 2010년, '검사와 스폰서' 편으로 저널리스트 최승호의 존재감을 다시 한번 널리 알린다. 한마디로 최승호가 아니면 해낼 수 없는 방송이었다. 검사에게 용돈과 향응, 성접대를 제공하는 스폰서들, 그리고 그들의 뒷배가 되어주는 검사들의 유착 관행은 언론계에서도 다 아는 얘기다. 검사를 다룬 영화에서도 많이 묘사되지 않는가? 그러나 그것을 탐사뉴스로 고발할 만큼 배짱 좋은 기자는 없다. 아니 엄두도 못낼 일이다. 기자들이 젊은 시절부터 검사들과 어울리며 취재하다보면 법조계의 해묵은 못된 관행들을 이해하게 되고 심지어 함께 물들기 때문이다. 반면 최승호는 스폰서로부터 향응과 성접대를 받은 고위 검사들의 실명과 얼굴을 방송에서 모두 공개해버렸다. 이어 '4대강, 수심 6미터의 비밀' 편을 통해 4대강 사업이 사실상 대운하를 염두에 둔 것이라는 사실을 폭로한다. 이명박 대통령이 직접 "가장 깊은 곳의 수심이 5~6미터가 되도록 굴착할 것"이라고 지시했고, 실제로 그렇게 공사가 진행됐다는 사실을 핵심 제보자의 증언과 다각도의 취재를 통해 증명해낸 작품이었다.

'검사와 스폰서' '4대강, 수심 6미터의 비밀' 두편의 작품으로 최승호는 그해 한국방송대상 작품상, 송건호언론상, 안종필 자유언론상, '올해의 프로듀서상'을 잇달아 수상한다. '검사와 스폰서' 방송 당시 MBC 사장은 김재철 씨였는데 이미 김 사장이 부임하기 전에 취재 승인이 났던 것이라 막을 수가 없었을 것이라고 최승호 PD는 술회했다. '4대강, 수심 6미터의 비밀' 편은 김재철 사장이 불방시켰으나 노동조합의 강력한 반발로 일주일 뒤에 전파를 탔다. 방송이 나간 뒤 김재철 사장이 정권으로부터 어떤 꾸중을 들었을까, 궁금해지는 대목이다.

그 여파일까. 우리나라에서 PD가 받을 수 있는 상이란 상은 모두 휩쓸었던 최승호는 2011년 3월 결국 「PD수첩」에서 쫓겨난다. 그가 발령받은 보직은 아침 방송에서 외주 프로그램을 관리하는 자리였다. 그리고 이듬해인 2012년 6월, 김재철 사장의 퇴진을 요구하는 MBC 총파업 와중에 해직된다. 엔지니어 정영하, PD 강지웅, 기자 이용마, 박성호, 그리고 나, 이렇게 5명의 후배들과 함께.

최승호는 해직된 이후에도 저널리스트의 삶을 놓지 않았다. 다른 동료들은 주로 학교로 돌아가 강의를 하거나 박사학위에 도전하고, 나는 수제 스피커를 판매하는 사업에 뛰어들었다. 반면 최승호는 해직 언론인들이 만든 '뉴스타파'에 들어가 탐사다큐멘터리를 만들었다. 3년간의 취재를 거쳐 국정원과 검찰의 간첩조작 사건의 전모를 밝혀낸 「자백」, 이명박, 박근혜 정권의 탄압에 맞선 공영방송 언론인들의 싸움을 다룬 「공범자들」이 그 결과물이다.

최승호, MBC 사장이 되다

내가 최승호를 MBC 사장의 최적임자라고 생각했던 이유는 간단하다. MBC가 몰락한 이유는 경영진이 권력에 굴종해 저널리즘의 본분을 저버렸기 때문이다. 따라서 MBC를 되살리려면 가장 능력 있는 저널리스트가 리더가 돼야 한다. 다른 해직 언론인들도 내 생각과 같았다. 그래서 우리는 최 선배를 찾아갔다.

"최 선배, 사장에 출마하세요. 최 선배가 사장이 돼야 MBC를 살릴 수 있습니다."

후배들의 권유에 최승호는 뜻밖의 말을 꺼냈다.

"나보다 더 적임자가 있어. 그 사람이면 MBC를 확실하게 살릴 수 있을 거야."
"그게 누군데요?"
"손석희 선배."

깜짝 놀란 우리는 '손석희 선배도 훌륭한 리더지만 이미 JTBC 사장과 앵커를 겸하고 있는데 굳이 고향으로 돌아오겠냐'고 반문했다. 그러나 최승호는 요지부동이었다. 손석희가 최선의 카드라면서 자신이 직접 만나겠다고 했다. 고집을 꺾지 못한 우리는 기다릴 수밖에 없었다. 며칠 뒤, 최승호는 손석희 사장과의 회동 결과를 설명했다.

"손 선배가 극구 사양하더군. 자기는 이미 MBC를 떠난 사람이고 JTBC에서 할 일이 많대. MBC에서는 새로운 인물이 나와야 한다고 했어."

"그 새로운 인물이 누구라고 하던가요?"

최승호가 멋쩍은 표정으로 말했다.

"자기보다는 밖에서 MBC를 위해 싸운 내가 사장에 나서는 게 맞다고 하던데."
"우리가 뭐랬어요. 손 선배도 우리랑 같은 생각이잖아요."

손석희와 최승호는 이런 사람들이다. 둘 다 후배들의 신망이 높은 데는 이유가 있다. 자신보다 늘 대의명분을 먼저 생각하는 진짜 언론인이기 때문이다. 그럼에도 불구하고 항간에는 손석희가 MBC 사장에 도전할 것이라는 풍문이 돌고 있었다. 일부 언론에서는 손석희가 유력 후보라는 전망까지 내놓았다. 그러자 손 사장은 11월 17일 JTBC 보도국 간부들에게 문자 메시지를 보내 '사장 이적설'을 명확하게 부인했다. "우리 구성원들만 괜찮다면 JTBC 보도국에 남아 있을 것"이라는 내용이었다. 손 사장은 "늘 말하는 것처럼 우리는 공중파도 아니고, 종편도 아니며, 단지 JTBC여야 한다"고 강조했다.

그 말이 대단히 멋있어 보였다. 신뢰도 1등에 올라선 JTBC, 그것을 이끈 리더의 자부심이 자연스럽게 돋보였다. 손 선배, 조금만 기다려주세요. 국민의 신뢰를 놓고 MBC와 제대로 된 경쟁을 해봅시다. MBC도 원래 '만나면 좋은 친구'였잖아요.

사장 공모에 지원한 후보들은 모두 13명이었다. 방문진은 이 가운데 최종 면접에 진출할 3명의 후보자로 이우호, 임홍식, 최승호 3명을 추려냈다. 이우호, 임홍식은 기자들 사이에서 신망 높은 선배였다. 나는 최승호가 가장 좋다고 봤지만 나머지 두 선배 중 사장이 나와도 상관없다고 생각했다. MBC의 다른 사원들도 마찬가지였을 것이다. 8년 동안 낙하산 사장들과 싸우느라 처절한 비극과 추락을 겪은 만큼 투명한 절차만 거친다면 누가 사장이 되든 환영할 준비가 되어 있었을 터였다. 난 방문진 이사들이 알아서 좋은 사람을 뽑겠지, 그런 심정이었다.

특히 우리 해직 언론인들에게는 문재인 대통령에 대한 기대가 있었다. 문 대통령은 2012년 대선 후보 시절부터 MBC 문제에 대한 이해도가 높은 편이었다. 그는 당시 파업 현장에 찾아와 대통령이 되면 반드시 MBC와 YTN의 해직 언론인들을 복직시키고 언론개혁을 실천하겠다고 약속했다. 대선 패배 이후 조용히 지낼 무렵 두 방송사의 해직 언론인들을 초대해 점심식사를 한 적도 있다. 그 자리에서 우리에게 약속을 지키지 못한 것이 가장 안타까웠다면서 미안해하던 표정이 기억난다. 2016년 이용마 기자가 암에 걸리자 문재인은 이용마가 투병 생활을 하던 요양원까지 찾아갔다. 이용마의 손을 잡고 공영방송 사장 선출에 정치권이 개입하지 못하도록 제도를 고치겠다고 또 한번 약속을 했다.

2017년 3월, 탄핵으로 조기 대선이 결정되고 더불어민주당의 경선이 시작되자, 3월 22일 MBC「백분토론」에 문재인, 안희정, 이재명, 최성 후보가 출연한다. 문재인 후보는 갑자기 MBC 문제를 거론해서 사람들을 놀라게 했다. 당시 그의 발언을 보자.

"MBC 해직 기자들이 피케팅하는 앞을 지나서 토론하러 들어오면서 정말 미안한 마음이었습니다. 지금 국민들은 적폐청산 말하고 있는데, 적폐청산 가운데 가장 중요한 분야 중 하나가 언론적폐라고 생각합니다."

"특히 공영방송이라도 제 역할을 했다면 이렇게 대통령이 탄핵되고, 아주 중대한 범죄의 피의자로 소환돼 구속되니 마니 하는 이런 사태는 발생하지 않았을 것 같습니다."

"해직 기자들의 복직은 즉각 이루어져야 한다고 촉구하고 싶습니다. 또 (…) 정권이 〔공영〕방송을 장악하지 못하도록 '지배구조'를 개선해야 한다고 생각합니다."•

이런 후보가 대통령이 됐으니 청와대가 사장 선임에 개입하리라고는 전혀 생각할 수 없었다. 그런데 정작 문제는 다른 곳에서 터져 나왔다.

MBC 사장 선출을 위한 최종 면접을 일주일쯤 앞둔 2017년 12월 초순 어느날로 기억한다. 모 언론단체가 주관한 토론회에서 고삼석 방송통신위원을 만났다. 민주당 추천으로 방통위 상임위원이 된 고 위원은 해직 언론인 문제로 애를 많이 썼기 때문에 나와 편하게 소통하던 사이였다. 자연스럽게 우리의 화제는 MBC 사장 얘기로 흘러갔다. 고 위원이 물었다.

• 문재인 후보자 발언, 「백분토론」 MBC, 2017년 3월 22일.

"이번 사장 후보 중에 누가 가장 유력한가요?"

"저는 잘 모릅니다. 방문진에서 알아서 잘 뽑겠죠."

"세 명의 후보 중에 최승호 PD에 대한 우려가 좀 있습니다."

나는 깜짝 놀라 되물었다.

"누가 우려를 한다는 얘깁니까? 청와대에서?"

고 위원이 정색을 하며 말했다.

"청와대가 그럴 리가 있습니까? 대통령님이 그렇게 간섭하면 안된다고 강조했는데. 당에서 걱정이 있다는 거죠."

"민주당에서요? 무슨 걱정을 한다는 거죠?"

"최승호 PD는 너무 강한 언론인이라는 인식이 있어요."

나는 그제야 이해가 갔다. 최승호는 진영논리에 갇히지 않은 진짜 저널리스트다. 보수정권이든 진보정권이든 권력에 대해서는 엄격하게 감시하고 비판해야 한다는 생각을 갖고 있고 평생 그렇게 실천해온 언론인 아닌가. 어느 정권이든 바른말, 쓴소리하는 언론인은 미운털이 박히기 마련이다. 이제 민주당 정권이 들어섰으니 이왕이면 부드러운 인물이 공영방송 사장이 돼야 한다고 생각하는 정치인들이 많을 것이다. 쓴웃음이 나왔다.

청와대든 방통위든 절대로 MBC 사장 선임 과정에 개입해서는 안 된다고 고삼석 위원에게 당부했다. 고 위원 역시 나와 같은 생각이라며 최대한 공정한 절차가 진행되도록 방통위가 노력하겠다고 약속했다.

난 걱정이 되긴 했지만 문재인 대통령의 의지를 믿을 수밖에 없었다. 설령 여당의 힘있는 정치인들이 특정 후보를 반대하더라도 공영방송 사장 선임에 대통령이 관여하지 않겠다는 약속이 지켜진다면, 방문진 이사들이 자율적으로 판단할 것이라고 생각했다.

이 책을 쓰기 위해 여러 사람을 만나 인터뷰했다. 그중에는 2017년 윤영찬 국민소통수석 밑에서 홍보기획 비서관을 지낸 최우규도 포함돼 있다. 최우규는 문재인 정부 초기에 언론정책과 인사에 대한 실무를 담당했다. MBC 사장 선임 과정과 관련한 최우규 전 비서관의 증언을 들어보자.

최우규 당시 MBC 문제에 대한 문재인 대통령의 원칙은 딱 두 가지였어요. 첫째, 해직 언론인들이 하루빨리 복직돼야 한다. 둘째, 공정한 사장이 선출되도록 적극 지원하되 간섭은 하지 마라. 그리고 대통령은 이 두 원칙을 청와대가 주도하는 게 아니라 방송통신위원회를 통해 투명하게 실천해야 한다고 강조했죠. 심지어 방통위원장도 대통령 본인과 인연이 없는 사람을 임명했어요. 성균관대 이효성 교수가 방통위원장 임명장을 받던 날 문 대통령이 '우리가 개인적으로 안면이 없다. 그런 분을 방통위원장으로 모신 것은 방송의 정치적 독립을 유지하기 위한 것'이라고 말한 게 그 증거예요.

제일 먼저 해직 언론인 문제를 풀기 위해 우리가 많이 알아봤어요. 그런데 알아볼수록 정부가 할 일이 별로 없는 거예요. 해직 언론인 복직은 방통위가 지시한다고 해서 풀리는 문제가 아니었어요. 방송사 경영진이 직접 풀어야 하는데 훌륭한 인물이 사장이 되면 저절로 해결될 거였죠. 그러니까 우리는 방통위를 통해 공정한 과정을 거쳐 사장이 나오도록 관리하면 된다고 생각했죠. 기존의 방문진 이사들이 사퇴하고 새로 임명된 이사들도 청와대에서 내려보낸 사람들이 아니에요. 시민단체나 학계에서 추천한 인사들 중에서 결정된 거죠.

박성제 그러면 MBC 사장 후보들에 대해서도 청와대는 방통위나 방문진에 전혀 입장을 전달하지 않았나요?

최우규 대통령이 그렇게 간섭하지 말라고 하시는데 어떻게 청와대 입장이 있겠어요? 그런데 MBC 사장으로 최승호 후보가 유력하다는 소문이 도니까 민주당 쪽에서 반대가 만만치 않았어요. 최승호 후보가 사장이 되면 우리랑 얘기가 잘 안 통할 것이고, 오히려 권력을 감시한다고 문 대통령과 민주당을 세게 비판할 거라는 얘기죠.

박성제 도대체 어떤 사람들이 반대를 한 거죠?

최우규 여기저기서 부정적인 의견이 많이 나왔죠. 이왕이면 우리와 뜻이 맞는 사람이 사장 되는 게 좋지 않겠느냐는 거였죠. 대선 캠프에서 함께 일했던 의원들이 최승호는 곤란하다고 하니까 윤영찬 수석이 꽤 난처했을 거예요.

박성제　그러면 민주당에서 최승호 말고 따로 밀었던 후보가 있었나요?

최우규　그런 건 아니에요. '이 사람이 좋다, 저 사람이 좋다' 말이 있었지만 누구 한명으로 통일돼서 추천이 올라온 건 아니에요. 아마 힘있는 의원들이 자기랑 친한 사람을 밀어주는 수준이었을 거예요. 이를테면 어느 지역 의원이 자기네 지역MBC 사장을 했던 후보를 추천한다든지 이런 거죠. 이런 상황이 문 대통령에게도 보고가 됐어요. 그래도 간섭하면 안 된다는 대통령의 의지가 워낙 강했기 때문에 방문진 이사들이 자율적인 결정을 하도록 우리가 애를 많이 썼어요. MBC뿐 아니라 KBS 사장도 마찬가지였어요. 이사회가 알아서 사장을 뽑은 거지 청와대는 관여한 적이 없어요.

최우규 전 비서관의 증언이 아니더라도 방문진 이사들이 정치권 눈치를 보지 않고 자율적으로 결정했다는 정황은 다시 확인된다. 당시 방문진 이사였던 최강욱 의원도 같은 취지의 증언을 했기 때문이다. 최강욱 의원은 노동조합 추천 몫으로 2012년부터 두번이나 방문진 이사를 지내면서 김재철부터 김장겸 사장에 이르기까지 적폐 사장들과 치열하게 싸웠던 인물이다. 최 의원의 말에 따르면 방문진 이사들 사이에서는 처음부터 최승호 후보에 대한 호감도가 높았다고 한다. 또 그의 최종 면접과 PT 내용도 훌륭해서 자연스럽게 이사들의 의견이 그한테로 모아지는 분위기였다는 것이다.

2017년 12월 7일, 드디어 최승호는 MBC의 34대 사장으로 선임된다. 최 사장이 가장 먼저 한 업무는 노동조합과 해직자 복직에 합의한 것이었다. 다음 날인 12월 8일, 나를 포함한 5명의 해직 언론인들은 사원들의 열렬한 환영을 받으며 상암동 MBC 신사옥으로 출근했다. 휠체어를 탄 이용마 기자와 함께. 해직되어 거리의 언론인이 된 지 5년 반 만의 출근이었다. 행복했다. 그리고 이때만 해도 우리는 금방 MBC 뉴스를 재건할 수 있을 것이라 굳게 믿었다.

험난한 뉴스 재건의 길

최승호 사장은 취임 직후, 김장겸 사장 때의 경영진을 모두 해임하고 새로운 경영진을 구성했다. 뉴스 재건의 책임을 맡은 보도본부장으로는 정형일, 보도국장으로는 한정우 기자가 임명됐다. 두 사람 모두 후배들의 신망이 높은 고참 기자들이었다. 그동안 현장에서 쫓겨나 있던 베테랑 기자들도 속속 보도국으로 복귀해서 부장과 데스크 진용이 갖춰졌다. 내게 맡겨진 보직은 부국장급인 취재센터장이라는 자리였다. 어느 언론사든 부국장의 역할은 제한적이기 마련이다. 실제 현장을 뛰는 기자들은 부장이 지휘하고, 부장들은 국장과 직접 상의하기 때문이다. 취재센터장은 뉴스 아이템에 관여하기보다는 부서 간 협업을 조율하는 일을 많이 한다. 그래도 나는 감지덕지였다. 보도국으로 돌아와서 일을 하는 것만으로도 새롭고 즐거웠다.

12월 8일, 우리는 「뉴스데스크」 쇄신을 위한 준비작업에 들어가며 다음과 같은 공지를 발표했다.

> 저희 MBC는 신임 최승호 사장의 취임에 맞춰, 오늘(8일)부터 「뉴스데스크」 앵커를 교체하고 당분간 뉴스를 임시체제로 진행합니다. 저희들은 재정비 기간 동안 MBC 보도가 시청자 여러분께 남긴 상처들을 거듭 되새기며, 철저히 반성하는 시간을 갖겠습니다. 치밀한 준비를 거쳐 빠른 시일 안에 정확하고 검손하고 따뜻한 「뉴스데스크」로 시청자 여러분께 다시 인사드리겠습니다.●

「뉴스데스크」의 새로운 앵커는 박성호 기자와 손정은 아나운서로 정해졌다. 박성호는 2012년 기자회장으로 후배들을 대변하다 해고된 후, BBC 뉴스를 연구해서 박사학위까지 받은, 문무(?)를 겸비한 기자였다. 기사도 잘 쓰고 발음까지 좋아서 새 뉴스의 얼굴로서 제격이었다. 손정은 역시 편안하고 세련된 진행 실력으로 이미지가 좋은 아나운서였기에 우리는 큰 기대를 걸고 있었다. 12월 26일, 18일간의 준비 기간을 거쳐 MBC 보도국은 새로운 앵커들이 진행하는 「뉴스데스크」를 선보였다. 박성호 앵커는 거듭나겠다는 진심을 담아 톱뉴스 리포트를 직접 만들기까지 했다.

● 「"MBC 뉴스 거듭나겠습니다"」 MBC, 2017년 12월 8일.

오늘부터 정상 체제로 돌아온 「뉴스데스크」는 앞으로 공영방송다운 뉴스가 무엇인가를 늘 고민하면서 여러분께 찾아가겠습니다. 권력이 아닌 시민의 편에 서는 뉴스가 되도록 MBC 기자들 모두 여러분께 다짐합니다. 오늘은 그 다짐을 제대로 실천하기 위해서 먼저 MBC 뉴스가 지난 5년 동안 저지른 잘못을 고백하고 반성하는 순서를 마련했습니다. (…)

MBC 뉴스는 (…) 세월호참사 때는 피해자인 유족의 목소리는 배제한 채 깡패인 것처럼 몰아갔고, 공권력에 농민이 쓰러진 장면은 감춘 채 시위대의 폭력성만 부각시켰습니다.

그뿐이 아닙니다. 정보기관의 대선 개입이 드러나도 침묵, 교과서 국정화에 대한 반대 여론이 퍼져도 침묵, 뉴스 자체를 거의 다루지 않았습니다. 최순실이란 이름, 국정농단이란 표현도 상당 기간 금기어처럼 쓰지 않았습니다. (…)

세월호를 구하지 않고 정권을 구한 방송, 정부의 입이 되어 한 방향으로 몰아간 방송, 바로 권력에 충성했기 때문이고, 공영방송의 진짜 주인인 국민을 배신했기 때문입니다. 물론 MBC 안에서는 부당한 보도를 밀어붙인 세력과, 그에 맞선 기자들도 있지만 냉정히 말해 시청자들께 그런 구분이 무슨 의미가 있겠습니까?

결과적으로 나쁜 뉴스는 계속 나갔습니다. 저항이 좌절됐다고 무기력과 자기검열이 정당화될 수는 없습니다. 기자 윤리, 저널리스트의 정체성을 지키지 못한 점 깊이 반성합니다.

MBC 기자들을 대표해 여러분께 사과드립니다. 죄송합니다.*

처절한 반성이었다. 우리는 박성호 앵커의 진심 어린 리포트를 내보내면서 이제 시청자들이 우리를 용서해주지 않을까 희망을 품었다. 헛된 희망이었다.

앵커가 거듭나겠다고 반성한 첫날부터 위기가 찾아왔다. 그 닷새 전 제천의 스포츠센터에서 큰 화재가 발생해서 무려 29명이 숨진 사고가 있었다. 현장에서 취재하던 사회부 기자들이 화재 당시 초기 상황이 녹화된 CCTV 영상을 확보해서 회사로 보내왔다. 영상에는 사람들이 불이 난 건물에서 가까스로 빠져나오는 모습과 현장에 도착한 소방대원의 모습이 담겨 있었다. 그날 밤 「뉴스데스크」는 '제천 화재, 긴박했던 상황 … 우왕좌왕 CCTV 영상 공개'라는 타이틀을 달고 이 영상을 보도했는데 리포트 가운데 다음과 같은 내용이 있었다.

가스마스크만 착용한 소방대원들은 사람들에게 멀리 물러나라고 하지만 직접 구조에 나서진 않았습니다. (…)
4시 31분부터는 한 소방대원이 걸어 다니는 모습도 눈에 띕니다.
이 대원은 10분 넘게 무전 교신만 하면서 건물 주변을 걸어 다닙니다.**

● 「새롭게 출발하는 뉴스데스크 … "MBC 뉴스를 반성합니다"」, MBC, 2017년 12월 26일.

한마디로 소방대원들이 현장에 도착했지만 구조작업을 열심히 하지 않거나 무전기만 들고 돌아다녔다고 비판하는 내용이었다. 다음 날, 가스마스크를 쓴 대원은 응급환자를 이송하는 구급대원이었다는 현장 관계자들의 반론이 제기됐다. 또 무전기를 든 대원은 화재 상황을 파악하던 현장지휘관이었다는 사실도 드러났다. 인터넷은 난리가 났다. '달라지겠다고 반성하더니만 첫날부터 왜곡 보도만 하는 MBC'라는 비난이 온갖 게시판과 SNS를 달궜다. 우리는 결국 소방대원의 반론과 사과문을 방송해야만 했다. 나중에 방송통신심의위원회에서 해당 방송에 대해 법정 제재까지 받았다.

며칠 뒤인 1월 1일, 두번째 위기가 닥쳤다. 새해 첫날 뉴스를 위해 정치권의 개헌 논란을 다루는 기획 리포트를 정치부에서 만들었는데 다음과 같은 한 대학생의 인터뷰가 실렸다.

"박근혜·최순실 게이트와 촛불혁명을 지나면서 제왕적 대통령제에 대한 폐해를 인식했는데, 그런 사건들이 헌법 정신에 담겼으면 좋겠다는 생각을 했습니다."●●●

'지나치게 강한 대통령의 권한을 개헌을 통해 줄였으면 좋겠다'

●● 「제천 화재, 긴박했던 상황 … 우왕좌왕 CCTV 영상 공개」, MBC, 2017년 12월 26일.
●●● 「무술년 최대 화두 '개헌' … 시민의 생각은?」, MBC, 2018년 1월 1일.

는 취지의 평범한 인터뷰였다. 그러나 인터뷰 당사자가 바로 얼마 전까지 MBC에서 인턴기자를 하던 학생이라는 사실이 밝혀졌다. 심지어 함께 인터뷰를 한 다른 대학생들은 그 인턴의 친구라는 증언까지 나왔다. '왜곡 보도를 하다 못해 인터뷰 조작까지 하나' '당장 뉴스 문 닫아라'라는 비난들이 쏟아져 나온 건 당연했다.

취재센터장이었던 나는 직접 진상 파악에 나섰다. 조사해보니 '인터뷰 조작'이라고 할 정도의 잘못은 아니었다. 개헌과 관련된 뉴스였기 때문에 마침 인턴기자로 일하다 최근 그만둔 법대생과 친구들을 섭외해서 인터뷰했다는 설명이었다. 그러나 시청자들에게 그런 변명이 먹힐 리가 없었다. 우리는 이번에도 사과방송을 해야 했다.

'제천 화재 왜곡 보도'와 '대학생 인터뷰 조작'. 이 두 사건은 과거를 반성하고 거듭나겠다고 선언한 MBC 뉴스의 신뢰도에 초기부터 치명타를 입혔다. 나는 직접 사과문을 쓰면서 '시청자의 눈높이를 따라가지 못하면 MBC는 죽는다'라는 해직 언론인 시절의 깨달음을 되새겼다. 옛날처럼 적당히 뉴스를 만들면 안 된다. 조금이라도 팩트에 미심쩍은 부분이 있거나 논리가 허술하면 바로 팩트체크 당하고 폭격을 맞는다. 특히 MBC에 대해서는 애정이 남아 있는 시청자라고 해도 '어디 이번엔 진짜 잘하나 보자'는 분위기가 대부분이었다. '응원하고는 싶지만 조금만 잘못해도 가차없이 돌아서버리는' 모순의 감정이었다.

어떻게 해야 시청자들의 마음을 되돌릴 수 있을까? 별수 없었다. 처음부터 다시 시작하는 마음으로 해야 한다. 우리는 이제

2등, 3등도 아니고 꼴찌라는 심정으로, 가장 밑바닥부터 다시 올라오겠다는 처절한 각오로 뉴스를 만들어야 한다. 그것이 내 결론이었다.

높기만 한 JTBC의 벽

반면 JTBC 뉴스는 최순실 국정농단 보도 때부터 확고하게 구축한 스테이션 이미지와 손석희 앵커의 노련한 진행이 최고조를 이루면서 전성기를 구가하고 있었다. 2018년 초, 이른바 '미투' 이슈가 부각되자 그 영향력은 더욱 배가됐다.

대표적인 사례가 2018년 1월 29일 현직 검사였던 서지현 씨가 「뉴스룸」에 출연해 8년 전 검찰 고위 간부 안태근으로부터 당한 성추행을 폭로한 일이다. 서 검사는 '성추행 사실을 밝히자 검찰 내부에서 오히려 꽃뱀 취급을 당했고 인사상 불이익까지 받았다'고 털어놓았다. 참여연대를 비롯한 많은 시민단체들이 검찰의 이중성을 비난하는 성명을 내놓았고, 이를 계기로 대한민국 곳곳에서 벌어진 '조직 내 권력관계를 악용한 성폭력'에 대한 보도가 언론계를 휩쓸게 된다. 문화계에서도 한국의 대표 시인 고은, 연극연출가 이윤택 등 유명 인사들의 성폭력에 대한 충격적인 폭로가 이어졌다. 명백한 성폭력이 관행이라는 이유로 용인되어온 데 대한 자성의 여론도 확산됐다. 이런 사회변화를 이끌어낸 1등 공신이 JTBC의 미투 보도였음은 물론이다.

3월 5일에는 안희정 충남도지사의 정무비서였던 김지은 씨의 성폭행 폭로가 터졌다. JTBC 미투 보도의 결정판이었다. 손석희 앵커와 김지은 씨의 인터뷰는 무려 18분 동안 이어졌다. 김씨는 인터뷰 말미에 이렇게 말했다.

인터뷰 이후에 저에게 닥쳐올 수많은 변화들 충분히 두렵습니다. 하지만 저한테 제일 두려운 것은 안희정 지사입니다. 실제로 제가 오늘 이후에라도 없어질 수 있다는 생각도 했고 그래서 저의 안전을 보장받을 수 있는 게 방송이라고 생각했고 이 방송을 통해서 국민들이 저를 (…) 조금이라도 지켜줬으면 좋겠고 진실이 밝혀질 수 있도록 도와줬으면 좋겠습니다. 제가 지사와 너무 다른 존재이기 때문에 그 힘을 국민들한테 얻고 싶은 거고 그리고 그를 막고 싶었습니다. 그리고 제가 벗어나고 싶었고 그리고 다른 피해자가 있다는 걸 압니다. 그들에게 용기를 주고 싶었습니다.●

김지은 씨는 세월호 유가족들과 똑같은 마음이었을 것이다. 절망에 빠진 자신을 도와줄 곳은 JTBC밖에 없다는 실낱같은 희망으로 출연하지 않았을까? 그의 증언은 대한민국을 뒤흔들었다. 유력한 대권주자였던 안희정 지사는 재판에서 유죄가 확정돼 3년 6개월의 실형을 선고받았다. 이것이 국민의 마음을 얻은 방송 뉴스의

● 「〔인터뷰〕 "안희정 성폭력" 폭로 … 김지은 "다른 피해자 있는 것 알아"」, JTBC, 2018년 3월 5일.

힘이다. JTBC는 '살아 있는 권력을 감시하고 약자를 대변하는 방송'이라는 이미지를 확고하게 구축했다. MBC가 따라잡기에 갈 길이 너무 멀어 보였다.

그렇다고 MBC가 무력하게 주저앉아 있었던 것은 아니었다. 2018년 상반기는 유난히 국민 관심이 집중되는 국가적 이벤트가 많았다. 2월 평창 겨울올림픽에 이어 4월에는 판문점에서 역사적인 남북정상회담이 열렸다. 6월에는 싱가포르 북미정상회담과 지방선거가 있었고, 6월 하순 열린 러시아 월드컵은 언제나 그랬듯 국민들을 열광시켰다. 이런 큰 이벤트는 보통 지상파 TV들이 전사적 역량을 동원해 중계를 도맡아 한다. 올림픽과 월드컵은 MBC가 경험이 많아서 어려움 없이 주도권을 잡을 수 있었다. 반면 남북정상회담과 북미정상회담은 처음 치러지기 때문에 준비할 것이 많은 행사였다. MBC도 수백명의 중계진과 취재진을 투입하는 등 전사적 역량을 동원했고, 시청자들의 평가도 나쁘지 않았다. 그 결과 JTBC의 점유율을 가끔씩 가져올 수 있었다.

달라진 미디어 환경에 맞춰 유튜브 뉴스를 강화하는 데도 힘을 썼다. 유튜브는 SBS가 '스브스 뉴스' 같은 새로운 형식의 콘텐츠를 선보이면서 독보적인 선두 자리를 지키고 있었다. MBC 기자들이 만드는 정보채널 '14F'는 당시 SBS를 따라잡는다는 목표 아래 기획된 콘텐츠다. 채널 이름은 이것을 기획한 팀 사무실이 회사 건물 14층에 있었기 때문인데, 지금은 '엠빅뉴스'와 함께 MBC 유튜브 뉴스의 대표 콘텐츠로 자리잡았다.

「시사매거진 2580」을 폐지하고 「스트레이트」라는 정통 탐사보도 프로그램을 신설한 것도 새 트렌드를 반영하려는 노력이었다. 주진우 기자와 배우 김의성 씨가 진행을 맡았다. MBC 출신이 아닌 외부 언론인과 배우가 앵커로 기용되면서 화제가 됐다. 두 앵커는 때로 기자들과 함께 현장을 뛰며 취재하는 열성을 보여주어 내부에서도 좋은 자극이 됐다.

그러나 전체적인 추세가 여전하다는 게 고민이었다. MBC 정상화 6개월이 되도록 JTBC 「뉴스룸」의 시청률은 7~8퍼센트대에서 확고하게 버티고 있었고 「뉴스데스크」는 3퍼센트대에서 좀처럼 올라서지 못했다. 아침마다 시청률을 확인하면서 '어삼시'라고 자조하는 날이 많을 정도였다. '어차피 3퍼센트 시청률'이라는 뜻이다. 정기적으로 발표되는 언론사 신뢰도에서도 MBC는 여전히 방송사 중 하위권이었다. 유튜브 뉴스의 구독자 수도 20만명대에 머물러 있었다. JTBC 기자들은 어깨에 힘주고 다니는데 우리 후배들은 기를 못 펴고 있다는 말이 자주 들렸다. 열심히 해도 JTBC를 이길 수 없다는 패배주의가 보도국 내에 팽배했다. 돌파구가 잘 보이지 않았다.

보도국장이 되고 국장실을 없애다

6월 말, 정형일 보도본부장이 뜻밖의 통보를 했다. 최승호 사장과 상의해서 나를 보도국장으로 임명하기로 했다는 내용이었다. 깜짝 놀란 나는 한정우 선배가 국장직을 잘 수행하고 있고 뉴스가 살아나려면 시간이 필요하니 좀더 지켜봐달라고 하면서 사양했다. 그러나 정 본부장의 뜻은 완강했다. 메인앵커 교체까지 포함한 전면적인 쇄신을 해야 한다는 게 경영진의 결정이니, 어렵겠지만 내가 국장을 맡아 처음부터 판을 다시 짜보라는 주문이었다.

나는 복직 7개월 만에 그렇게 갑작스럽게 MBC 보도국장이 됐다. 무엇보다 그동안 고생만 하다 물러나게 된 한정우 선배에게 미안한 마음이 컸다. 뉴스는 예능이나 드라마와 달리 떠난 시청자들이 돌아오려면 한참이 걸린다. JTBC도 처음에 고생을 많이 했지만 꾸준한 노력으로 결실을 맺은 것 아닌가. 그러나 평소 통이 크고 쿨한 성격의 한정우 선배는 괜찮다면서 '앞으로 당신이 더 고생할 테니 잘 이겨내라'며 오히려 나를 격려하고 미련 없이 국장실을 떠났다.

평기자로 입사해서 뉴스를 지휘하는 보도국장이 되는 것은 영광스러운 일이다. 그런데 기자들은 윗사람 지시에 고분고분 따르지 않는다. 오너가 없는 공영방송 MBC에서는 그런 분위기가 더 강했다. 국장이 힘있게 개혁을 추진하려면 기자들이 먼저 리더십을 인정해줘야 한다. 스스로 돌아봐도 나의 리더십이 증명되지 않았다고 생각했다. 회사를 떠나 있던 기간이 너무 길었다. 고참 기자들은 '보도국장 박성제'를 수긍하는 분위기였지만 젊은 후배들은 '해직됐다 돌아온 꼰대'로 여길 수도 있었다. 난 승부수를 던져야 했다.

MBC는 노사 합의로 '국장 임명동의제'를 시행하고 있다. 보도국장으로 지명된 사람은 어떻게 뉴스를 이끌겠다는 정책설명회를 한 다음, 기자들의 찬반 투표를 통과해야 정식으로 국장이 된다. 그런데 내가 보도국장으로 지명된 6월에는 아직 시행되지 않은 제도였다. 나는 자청해서 임명동의를 받겠다고 선언했다. 몇몇 팀장들이 굳이 그럴 필요가 있냐고 만류했다. 나를 모르는 후배들이 반대표를 많이 던지면 어쩌나 하는 걱정 때문이었다. 나는 '50퍼센트 지지도 못 받을 존재감 없는 국장이라면 안 하는 게 낫다'며 걱정 말라고 했다.

정책설명회에서 나는 후배들에게 이렇게 말했다.

— 우리가 꼴등이라는 사실을 인정하는 것부터 시작해야 한다.
— 꼴등이 1등을 따라잡으려면 완전히 다른 뉴스를 해야 한다. 하던 대로 하면 안 된다.
— 패배주의를 벗어던지자. 우리에게 손석희 같은 국민 앵커는 없지만 수십년 쌓인 조직의 힘이 있다.

당연한 말들이지만 당연한 것이 더 어려운 법이다. 좋은 대학 가려면 국·영·수를 열심히 해야 한다는 것은 다 알지만 실천은 어렵지 않은가. 그래도 후배들은 고개를 끄덕거려주는 분위기였다. 난 그럭저럭 임명동의를 통과하고 보도국장 발령을 받았다.

국장이 된 것까지는 좋았는데 첫번째 과제가 앵커 교체라는 점이 가장 난감했다. 평소 박성호, 손정은 앵커의 진행이 나무랄 데가 없었기 때문이다. 박성호의 품격 있고 지적인 멘트와 손정은의 부드러운 전달력은 꽤 매력 있는 조합이었다. 뉴스 경쟁력 회복이 더딘 것은 앵커 탓이 아니라 우리 조직 전체의 문제였다. 하지만 앵커는 뉴스의 얼굴이니 새 술은 새 부대에 담아야 한다는 게 경영진의 판단이었다.

두 사람에게 「뉴스데스크」에서 하차해야 한다고 통보하던 순간, 말문이 잘 떨어지지 않았다. 그들도 충격이 큰 듯했다. 박성호는 해직 언론인 생활을 함께 했던 친동생 같은 후배여서 허심탄회하게 털어놓고 이해를 구할 수 있었다. 반면 손정은 아나운서에게는 미안한 마음뿐이었다. 바로 얼마 전까지 손정은 씨에게 칭찬을 했던 터이기에 더욱 가슴이 쓰렸다. 손정은은 그후 몇몇 프로그램을 맡아 진행하다 회사를 떠났다. 지금은 프리랜서 아나운서로 씩씩하게 잘 지내고 있어서 다행이다. 그래도 난 마음 한구석에 그에게 미안함이 남아 있다.

앵커 교체와 함께 보도국 조직개편을 단행했다. 취재센터장, 편집센터장의 양대 부국장 체제를 폐기하고 정치, 경제, 사회, 편집, 기획으로 부국장급 에디터들을 늘린 다음, 실질적인 인사권과 뉴스지휘권을 부여했다. 능력 있는 에디터들과 함께 힘있는 지도부를 구성하고 싶었다. 그러려면 권한도 나눠야 한다는 생각이었다. 앵커를 그만두는 박성호에게는 정치에디터와 정치팀장을 겸하게 했다. 내가 에디터들과 첫번째 회의를 하면서 했던 주문은 하나였다.

지금까지 없었던 뉴스를 만들어보자. 경쟁자들 신경쓰지 말고 MBC만의 뉴스를 하자.

다들 동의했다. 뉴스 개혁을 위한 이런저런 아이디어를 나누다가 뜻밖의 의견이 나왔다. 박성호 에디터였다.

"보도국장은 국장실에 하루 종일 앉아서 지시만 하는 사람으로 보이잖아요. 얼굴 보기도 힘드니까 국장을 평기자들이 더 권위적으로 느끼고요. 아예 국장실을 없애는 건 어때요? 보도국 한가운데에 국장이 앉아서 기자들과 자유롭게 소통하면서 일하는 거죠."

신선했지만 난감한 아이디어였다. 국장실이 없으면 엄청 불편해질 게 뻔했다.

"좋은 생각이긴 한데, 손님이 찾아오면 어떡하지? 장관이나 국회의원 들도 인터뷰하러 자주 오는데 차 한잔 대접할 곳은 국장실밖에 없잖아. 하루 종일 일하려면 낮잠도 잠깐씩 자야 하는데."
"손님은 회의실에서 만나면 되죠. 졸릴 때는 숙직실 가서 잠깐 쉬고 나오면 되고요. 젊은 후배들과 함께 호흡해야 합니다."

다른 에디터들도 공감하는 분위기였다. 나는 더이상 거부할 수 없었다. 곧바로 국장실 칸막이와 벽체를 다 뜯어내도록 지시했다. 국장실이 있던 공간은 기획취재팀 기자들이 쓰도록 했다. 내 자리는 보도국 한복판 앵커석 옆에 새로 만들었다. 기자들이 취재를 마치고 들어오면 바로 국장이 뭐하고 있는지 볼 수 있는 위치였다. 우리나라 방송사 보도국장 중 자기 방이 없던 이는 아마 나밖에 없었을 것이다.

국장실을 없앤 결정은 결과적으로 잘한 일이었다. 몇 달이 지나자 내가 부르지도 않았는데 자리로 찾아와서 이런저런 상담을 하는 평기자들도 늘어났다. 후배들은 "처음엔 국장이 오버하는 거 아닌가 했는데 나중에는 후배들과 편하게 소통하는 모습이 좋아 보였다"고 평가해줬다.

새 앵커는 오디션과 팀장단 투표를 거쳐 왕종명 기자와 이재은 아나운서로 결정됐다. 신뢰감을 주는 외모와 씩씩한 목소리의 소유자였던 왕종명 씨는 예전부터 박성호의 뒤를 이을 앵커감이라는 평을 듣고 있던 터라 압도적인 지지를 받았다. 이재은 아나운서는 뉴스보다 예능 프로그램과 라디오에서 먼저 인기를 쌓은 뉴 페이스였는데, 매사에 열성적으로 일하는 스타일이었다. 새 앵커가 결정되던 날, 난 두 사람에게 스튜디오에만 앉아서 진행하지 말고 큰일이 벌어지면 현장으로 가야 한다고 당부했다. 세월호참사 때 팽목항으로 갔던 손석희 앵커처럼. 두 사람 모두 어떤 현장이든지 달려가겠다고 말했다. 믿음직스러웠다.

중요한 것은 진짜 뉴스를 바꾸는 일이었다. 앵커를 바꾸고, 국장실을 없앤 것은 형식적 변화일 뿐, 시청자 마음을 움직이는 것은 우리가 어떤 어젠다를 만들어내는가에 달려 있다. 실질적 권한을 가진 에디터들의 역할이 가장 중요했다. 정치에디터 박성호, 사회에디터 임영서, 경제에디터 박장호, 그리고 「뉴스데스크」 편집을 책임진 최장원은 내가 가장 신뢰하는 베테랑 기자들이자 나와 공동운명체였다. 이들은 후배 기자들과 끊임없이 대화하며 새로운 뉴스를 해보자고 설득했고 후배들도 의욕을 보이기 시작했다.

힘있는 MBC 뉴스의 시작, 유치원과 김용균

변화는 아무도 모르게 서서히 진행되다가 어느 순간 화산처럼 분출한다. MBC 뉴스의 존재감을 확실하게 알린 첫번째 분출은 2018년 10월의 '사립유치원 비리 보도'였다. 내가 이 보도를 자랑스럽게 여기는 이유는 보도국장이 된 직후, MBC만의 시각으로 시작된 탐사취재의 결실이었기 때문이다. 그 과정을 자세히 살펴보자.

박성호 정치에디터는 정치팀을 새로 꾸리면서 국회 취재기자들을 지휘하는 국회반장으로 김현경 기자를 기용했다. 뜻밖의 인사라는 평이 많았다. 김현경은 사회부에서 잔뼈가 굵은 기자였지만 정치팀 취재 경력은 없었기 때문이다. 이 책을 쓰기 위해 김현경 기자와 인터뷰했는데 유치원 비리 취재를 시작하게 된 계기를 다음과 같이 말했다.

"박성호 에디터는 완전히 새로운 정치 뉴스를 만들고 싶어했어요. 그래서 정치부 경험이 없는 저를 국회반장으로 데려왔다고 설명했죠. '국회의원들 말만 받아쓰는 기사가 아니라 새로운 영역의 정치 기사를 만들어보라'는 뜻이었어요.

처음에는 국회 밖에서 뉴스거리를 찾는 것이 쉽지 않았습니다. 그래도 다양한 사람들을 만나보다가 장하나 전 의원이 '정치하는 엄마들'이라는 주부들의 정치참여 조직을 만들었다는 얘기를 들었어요. 장하나 대표를 인터뷰하고 「뉴스데스크」에도 엄마들의 활동을 소개했죠. 그런데 그 과정에서 '사립유치원들이 국가보조금을 받아 어떻게 유용했는지 시·도교육청이 감사한 결과가 있는데 그것을 내놓으라고 정보공개 청구를 했다'는 말을 들었어요. 거기서 취재가 시작됐습니다."

김현경은 그때부터 후배 박소희 기자와 함께 사립유치원 감사 자료를 확보하기 위해 뛰어다닌다. 박소희 기자 역시 아기 엄마였던 터라 유치원 운영에 대한 관심이 남달랐다. 그러나 장하나 대표가 건네준 정보공개 청구 결과에는 정보가 부족했다. 적발된 어린이집과 유치원의 이름만 있을 뿐, 이들이 어떤 비리를 저질렀는지 어떤 처분을 받았는지 알 수 없었다. 발로 뛰는 취재가 이어졌다. 일부 확보된 감사 내용은 충격적이었다. 원장이 친인척을 동원해 그들에게는 수천만원의 인건비를 지급하면서도 정작 교사 월급은 2백만원이 안 되는 곳이 많았다. 어느 유치원장은 아이들 급식비로 회식을 하고, 술집을 드나드는가 하면, 피부관리실, 미용실, 백화점까지 갔다. 차를 사고, 땅을 사고, 심지어 개인 공과금까지 처리한 유치원장도 있었다.

대한민국의 엄마들이 모두 분노할 만한 큰 이슈였다. 김현경 반장은 2명의 기자들을 더 투입했다. 종합적인 자료를 확보하기 위해 국회 교육위원회 소속 의원들을 찾아가 감사 자료를 받아달라고 부탁했다. 그러나 선거를 치러야 하는 의원들은 사립유치원 원장들의 힘을 두려워했다. 기자들은 3명의 의원을 차례로 만났지만 모두 거절당했다. 그러다 교육위로 배정된 지 얼마 안 된 박용진 의원을 만났고 그가 용감히 나섰다. 박 의원은 "두렵지 않다. 같이 세상을 바꿔보자."고 말했다고 한다.

기자들은 박 의원이 받아낸 감사 자료를 다시 샅샅이 검토하고 적발된 유치원을 찾아가 원장들과의 인터뷰를 시도했다. 그리고 10월 11일 「뉴스데스크」는 '사립유치원 운영 비리'를 톱뉴스로 12분에 걸쳐 보도한다. 마지막에는 국정감사에서 비리유치원 명단을 공개한 박용진 의원을 라이브로 연결해, 유치원 원장들의 압력에 굴하지 않고 계속 이 문제를 파헤치겠다는 의지를 확인했다. 석달간의 탐사취재가 빚어낸 대형 특종이었다.

파장은 예상보다 훨씬 컸다. 대부분 언론들이 MBC 보도를 계기로 흥청망청 혈세를 유용한 사립유치원들의 행태를 집중 보도하기 시작했고 학부모들의 분노가 폭발했다. 유치원 비리는 국정감사 최대의 이슈로 떠올랐고 박용진 의원은 단숨에 국감스타로 부상했다. 한국유치원총연합회(약칭 한유총)는 명단 공개에 항의하면서 이듬해 유치원 개원 연기와 집단 폐원까지 시도하는 등 강력 반발하고 나섰다. 그러나 유치원 원장들이 성난 민심을 이길 수는 없었다. 결국 유은혜 교육부 장관의 강경 대처로 한유총의 반발은 무력화되고, 박용진 의원이 사립유치원 경영의 투명성 확보를 위해 발의한 유치원 3법(사립학교법·유아교육법·학교급식법 개정안)이 통과됐다.

'비리유치원 명단 공개 연속보도'는 2018년 한국기자상과 한국방송기자대상을 수상하며 '힘있게 이슈를 주도하는 MBC 뉴스의 부활'을 알렸다. 무엇보다 정치팀 기자들이 과거에 없던 방식으로 일구어낸 '정치 탐사 뉴스'였다는 점에서 나의 뿌듯함은 이루 말할 수 없었다. 이게 바로 '뉴스의 차별화' 아닌가. 후배들이 자랑스럽고 대견했다.

유치원 비리 보도는 내부적으로도 기자들의 자신감을 키워주는 효과가 컸다. 에디터, 팀장들 사이에 다른 방송 신경쓰지 말고 우리만의 뉴스를 키워보자는 분위기가 확산됐다. 그렇게 탄생한 기사가 유치원 비리 못지않은 파장을 불러온 '김용균 씨 사망 보도'다. 당시 이 보도를 지휘했던 문소현 사회정책팀장의 설명을 들었다.

"12월 11일 아침에 『연합뉴스』에 조그맣게 기사가 하나 떴어요. 충남 태안화력발전소에서 20대 직원이 컨베이어 벨트에 끼여 숨지는 사고가 났다는 내용이었죠. 어찌 보면 흔한 인명사고였지만 왠지 신경이 쓰였습니다. 취재를 해보니 숨진 청년 김용균 씨가 발전소 외주업체의 비정규직으로 석달 전 현장에 투입됐다는 것, 그리고 1년 전에도 같은 작업장에서 비정규직 노동자가 기계에 끼여 숨졌다는 것이 확인됐어요. 보통 사건이 아니라고 판단했습니다. 대전MBC에 현장 취재를 부탁했는데 눈이 많이 와서 태안까지 취재하러 가는 게 힘들다는 답변이 돌아왔

어요. 그래서 본사 기자를 급히 내려보냈죠. 김용균 씨의 죽음을
취재한 언론은 우리밖에 없었어요."

생생히 기억한다. 그날 오후, 임영서 사회에디터가 내 자리로 찾
아와서 말했다.

"태안발전소에서 비정규직 청년이 사고로 숨져 취재해보니 구
조적인 문제가 심각하네요. 크게 다루었으면 좋겠습니다. 톱뉴스
로 내면 어떨까요?"

일말의 주저함 없이 나는 바로 동의했다. 사흘 전 강릉에서 발
생한 KTX 탈선 사고의 책임으로 코레일 사장이 사퇴하고, 이재명
경기도지사가 기소되는 등 그날의 톱뉴스감은 많았다. 그러나 발
전소 비정규직 문제를 우리만의 이슈로 만들어서 시청자들에게
제시해보자는 생각이 마음에 들었다. 그렇게 해서 비정규직 노동
자 김용균 씨의 죽음은 '죽음의 외주화'라는 타이틀로 「뉴스데스
크」 첫머리에 방송됐다. 어느 언론도 주목하지 않았던 MBC만의
어젠다였다.

2016년 서울 구의역에서 스크린도어를 고치다 숨진 비정규직
'김군'에 이어, 발전소 컨베이어 벨트에 끼여 숨진 비정규직 김용
균 씨의 비극은 세상을 다시 뒤흔들었다. MBC는 후속취재를 통해
발전소 외주업체 직원들의 열악한 노동실태를 연속 보도했다. 문
재인 대통령이 김씨의 유가족을 만나 산업재해 방지와 비정규직

처우 개선을 약속했다. 국회에서는 중대재해처벌법이 발의됐다. 김씨의 어머니 김미숙 씨는 슬픔을 딛고 일어나 현재 노동운동가로 활동하고 있다. 그리고 MBC의 보도는 2019년 한국방송대상을 수상했다.

유치원 비리, 김용균 씨 사망 보도 이외에도 뉴스 차별화를 위한 크고 작은 노력들은 많았다. 공통적인 점은 '현장'이었다. 발로 뛰면서 현장의 목소리를 전하는 신선한 기획들이 속속 등장했다. 사건·사고를 취재하는 젊은 기자들이 제보를 받고 부조리의 현장을 직접 체험해보는 '바로 간다', 이슈와 관련된 전국의 현장을 일일이 찾아가는 '로드맨', 여론의 흐름에서 소외된 사회적 약자의 입장을 대변하는 '소수의견', 앵커가 뉴스의 인물을 방문해 인터뷰하는 '앵커 로그', 시청자가 직접 마이크를 잡고 세상에 하고 싶은 말을 리포트하는 '당신이 뉴스입니다' 같은 코너는 모두 기자들의 자발적인 아이디어로 탄생한 기획뉴스 포맷들이다.

시청자들이 반응하기 시작했다. 유튜브 뉴스의 조회수가 눈에 띄게 증가했다. 하루 만에 조회수 1백만이 넘어가는 뉴스도 심심찮게 등장했다. 몇달 전에는 상상할 수 없는 일이었다. 그런 뉴스가 등장하면 댓글도 호평 일색이었다. 'MBC 뉴스가 드디어 돌아왔다' '이제 저녁에는 「뉴스데스크」만 본다'며 칭찬하는 글들이었다. 기자상 시상식에서 만난 경쟁 언론사 국장들은 '요즘 MBC 기세가 무섭다'고 내게 축하 인사를 건네곤 했다. 그러나 나는 여전히 배가 고팠다. 내가 원하는 건 1등 뉴스였다. 그래서 다시 한번 승부수를 띄우기로 했다.

기자들의 반발을 누르고 뉴스를 늘리다

승부수는 메인뉴스 시간을 늘리는 것이었다. 나는 예전 평기자 시절부터 「뉴스데스크」가 너무 짧다고 느끼고 있었다. 보통 1시간짜리 「뉴스데스크」에서는 20~25개의 리포트가 나간다. 리포트 1개당 평균 1분 30초가 배정되는데 기자들이 시간을 더 달라며 불만을 토로하는 일이 다반사였다. 이들이 열심히 취재한 내용과 인터뷰를 담아내기에 1분 30초라는 포맷은 한계가 있기 때문이다. 만약 뉴스를 30분 늘리면 어떻게 될까? 리포트 수를 늘리지 않고도 리포트 시간을 2분 이상 배정할 수 있다. 기자들이 특별히 공들여 취재한 리포트에는 4~5분씩의 시간이 주어질 수도 있다. 더 많은 정보와 인터뷰가 제공되면 시청자들도 깊이있는 뉴스라고 느낄 것이다. JTBC 「뉴스룸」은 8시부터 9시 30분까지 이미 90분 뉴스를 한 지 오래였다. MBC도 못할 게 뭔가. 우리도 90분짜리 '와이드 뉴스데스크'를 해보는 거다.

에디터들에게 먼저 와이드 뉴스 아이디어를 설명했다. 취지에는 공감하지만 평기자들이 좋아하지 않을 것이라는 우려가 많았다. 뉴스 시간이 늘면 일도 늘어날 터인데 요즘처럼 '워라밸'을 중시하는 분위기에서 반대가 많을 거라는 걱정이었다. 나는 잘 안되면 나중에 되돌리더라도 시도는 해보자고 설득했다. 며칠 동안의 갑론을박 끝에 에디터들은 결국 내 편을 들어주기로 했다. '국장의 고집'을 받아준 에디터들에게 난 지금도 고마운 마음을 간직하고 있다. 이제 회사를 설득하고 기자들을 설득해야 할 차례였다.

방송사에서 평일 메인뉴스 시간을 30분이나 늘리는 것은 전체 편성에 큰 영향을 준다. 먼저 정형일 보도본부장을 찾아가 설명했다. 걱정과는 달리 정 본부장은 내 말을 듣자마자 좋은 생각이라면서 적극 찬성했다. 얼마 뒤 최승호 사장과 임원들 앞에서 다시 브리핑을 했다. 경영진은 처음에 난색을 표하다가 결국 한번 해보자는 결론을 내렸다. 나는 용기백배해서 2019년 새해부터 90분 뉴스를 하기로 했다고 팀장들에게 선언했다.

반발은 예상보다 훨씬 심각했다. 여론 수렴을 해보니 기자들의 거의 80퍼센트가 반대 의견을 냈다. 만성적 인력 부족 상태에서 뉴스가 늘어나면 업무 강도가 높아지며, 리포트 꼭지 수가 늘어날 수밖에 없어서 사건·사고 등 연성 뉴스가 많아질 것이라는 우려가 컸다. 팀장단 회의에서 난상토론이 벌어졌는데 후배들의 여론이 워낙 안 좋다보니 반대하는 팀장이 더 많았다. 나는 팀장들에게 '후배들 의견을 무조건 대변하지 말고 국장의 방침을 설명하라'고 당부했다. 회의가 끝난 후 팀장 한명이 나를 찾아와 귀띔했다.

"평기자들 사이에 국장이 독재를 한다고 불만이 많습니다. 기자회 기별 대표회의가 소집돼서 대책을 논의한다고 합니다. 지금 뉴스가 조금씩 살아나고 있는데, 욕심을 부리다가 민심을 잃으면 오히려 역효과가 날 수 있어요."

기자회가 움직인다는 말에 나도 걱정이 됐다. 그래도 아무렇지도 않다는 듯 대꾸했다.

"뉴스를 위해 이 정도 장애물도 돌파 못하면 안 되지. 기자회장과 이야기해볼게."

이틀 뒤, 기자회장을 맡고 있던 이정신 차장이 먼저 나를 찾아왔다. '기자들 의견의 수렴이 충분치 않으니 무리하게 밀어붙이지 않았으면 좋겠다'고 했다. 나는 '뉴스를 살리기 위한 결정이니 이해해달라. 결과에 책임지겠다'고 말했다. 평행선을 달린 대화 끝에 이정신 회장은 난감한 표정으로 돌아섰다. 며칠 뒤 최승호 사장이 나를 불렀다.

"박 국장, 내가 보도국 여론을 들었는데 와이드 뉴스에 대한 반대가 심하다고 하더군. 이러다 자네가 다칠까 걱정되네. 좀 천천히 신중하게 진행하는 게 어떨까?"

나를 걱정하는 사장의 마음을 난 이해할 수 있었다. 하지만 여기서 접으면 죽도 밥도 안 된다.

"사장님, 저보고 뉴스 살리라고 국장 맡기신 거 아닙니까? 그러면 믿고 힘을 실어주십시오. 후배들은 제가 더 설득할게요. 반드시 1등 뉴스 만들겠습니다."

사장실을 나서면서 후배들의 의견을 수렴하는 절차가 한번 더 필요하겠다는 생각이 들었다. 며칠 뒤 나는 다시 팀장단 회의를 소집해 한번 더 의견을 물었다. 치열한 토론 끝에 누구보다 내 생각을 잘 아는 박성호 에디터가 총대를 메고 조율에 나섰다. 기자들의 반대도 일리가 있으니, 와이드 뉴스 시행 시기를 조금 늦추고, 더 치밀하게 준비하는 게 어떠냐는 의견이었다. 나는 그 제안을 수용했다. 그리고 당초 예정보다 두달의 준비 기간을 더 거쳐 1월이 아닌 3월부터 와이드 뉴스를 시작하겠다고 선언했다.

2019년 3월 18일, 7시 30분부터 9시까지, 90분으로 늘어난 '와이드 뉴스데스크'가 시작됐다. 지금도 뉴스를 늘린 결정을 후회하지 않는다. 예상했던 대로 시청자들의 반응은 긍정적이었다. 같은 내용의 뉴스라도 다른 방송사보다 다양한 인터뷰와 자세한 설명이 나오니 좋다는 의견이 지배적이었다. 기자들도 평균 2분이 넘는 리포트에 적응해나갔다.

언론사처럼 구성원들의 자존심이 센 조직에서 뉴스를 책임지는 국장은 어떤 리더십을 발휘해야 할까? 평등한 소통, 민주적 의견 수렴의 중요성은 두말할 나위 없다. 그러나 개혁을 위해 중대한 결정을 해야 할 시기에는 의지와 실행력이 필요한 순간이 온다. 리더는 결정하는 자리다. 의견 수렴은 충분히 하되, 돌파할 때는 돌파해야 한다. 그리고 결과에 책임지면 되는 것이다. 만약 뉴스 개혁이 실패한다면 언제든 사퇴하려고 했다.

어떤 기자들은 당시 보도국장 박성제를 '소통하는 척만 하고 사실은 자기 맘대로 조직을 이끌었던 독재자'로 기억할지도 모른다.

그런 후배들에게까지 진심을 이해시키지 못한 것은 내가 모자란 탓이다. 그러나 '와이드 뉴스데스크'라는 형식은 MBC 뉴스가 부활하는 데 큰 역할을 했고 그 틀은 아직도 유지되고 있다.

버닝썬 게이트와 고성 산불 보도의 성과로 위기를 넘기다

2019년 1월 28일. 「뉴스데스크」에서 평범하지 않은 한 사건이 보도됐다. 서울 강남의 한 클럽에서 손님이 직원들에게 집단폭행을 당했는데, 신고를 받고 도착한 경찰관들이 오히려 피해자를 현행범으로 체포하고 수갑을 채워 묶어놓았다는 내용이었다. 그 클럽의 이름은 버닝썬이었고 대표는 아이돌 그룹 빅뱅의 멤버 승리였다. 이것이 2019년 상반기 대한민국을 뒤흔들었던 '버닝썬 게이트'의 시작이었다.

이 사건을 처음 보도한 인권사회팀의 이문현 기자는 한달이 넘는 취재와 사실 확인 끝에 뉴스를 내보냈는데, 첫 기사에서는 '버닝썬'과 '승리'라는 이름을 빼버렸다고 한다. 사건 내용과 직접적인 관계가 없었기 때문이다. 그러나 보도 이후 파장이 커지면서 버닝썬에서 성폭행을 당했다는 여성들의 제보가 몰려들기 시작했다. 이문현 기자는 피해 여성들을 만나 일일이 CCTV와 증거들을 살펴보고, 피해자들이 일명 '데이트 강간 약물'로 불리는 GHB^{Gamma-Hydroxybutyric aid}(일명 물뽕)에 당했다는 사실을 확인했다. 취재와 보도가 거듭되면서 기사가 점점 커졌다. 당시 조승원 인권사회팀장은 내게 '버닝썬' 관련 보고를 할 때마다 이렇게 말했다.

"오늘은 지난번보다 기사가 더 셉니다. 후배들이 며칠 밤새워 취재한 거니까 톱으로 10분 주십시오."

나도 늘 똑같이 대꾸했다.

"10분 아니라 20분도 줄 수 있으니까 얼마든지 기사 써봐."

젊은 사건기자들이 발로 뛰어 취재한 버닝썬 게이트는 충격의 연속이었다. 하룻밤에 수천만원을 쓰는 VIP들의 행태가 드러나고 마약, 성범죄, 경찰과의 유착 의혹이 터져 나왔다. 급기야 승리를 비롯한 유명 연예인들의 성매매 알선, 성폭행, 그리고 클럽의 탈세 의혹으로까지 번졌다. 화들짝 놀란 경찰은 대대적인 마약 단속을 벌여 3개월 만에 4천명에 이르는 마약 사범을 검거하고 920명을 구속했다. 클럽과의 유착 의혹이 제기된 강남경찰서는 1년 동안 서장이 두번 바뀌고, 직원 절반이 인사이동되는 유례없는 조치가 취해졌다. 성범죄에 연루된 승리와 연예인들은 실형으로 투옥되고, 또다른 대표도 실형을 받았다. 국회가 나서 '약물을 사용한 성범죄'를 처벌할 수 있는 형법 개정안까지 발의됐다. 그리고 MBC의 버닝썬 게이트 보도는 2019년 '한국방송기자대상'과 '올해의 방송기자상' 등 각종 기자상을 휩쓸었다.

버닝썬 보도는 유치원 비리와 김용균 씨 사망 보도에 이어

MBC 뉴스의 저력을 다시 확인시켰다. 이문현 기자에 따르면, 클럽에서 폭행당한 피해자가 인터넷에 글을 올렸을 때, 여러 언론사가 연락을 취했지만 결국 어떤 곳에서도 기사화되지 않았다고 한다. 반면 이 기자는 수많은 CCTV의 검토와 인터뷰를 통해 경찰의 반인권적 행태를 확인하고 고발했다. 그리고 뉴스를 본 피해자들의 제보가 잇따르면서 본격적인 후속보도로 이어진 것이다. 작은 단초에서 시작된 사건이 끈질긴 취재 덕분에 대형 특종으로 변한 전형적인 사례였다.

TV 뉴스는 대형 사고나 태풍, 산불 같은 재난이 발생했을 때 더 위력을 발휘한다. 재난 발생 초기부터 현장에 기자들을 보내고 라이브로 연결해서 상황을 전하는 것이야말로 지상파 방송의 중대한 임무다. 특히 KBS, MBC 양대 공영방송 종사자들에게 신속하고 정확한 재난방송의 중요성은 아무리 강조해도 지나침이 없다. 평소에 일반 뉴스를 아무리 열심히 하더라도 재난방송 특보를 게을리하면 큰 비판을 받게 된다. 그것이 민영방송이나 종합편성채널(약칭 종편)과는 다른 공영방송의 운명이다. MBC 뉴스의 재난방송 대응 능력이 시험대에 오른 것은 2019년 4월 4일이었다.

강원도 고성군 토성면의 한 야산에서 산불이 시작된 시각은 저녁 7시쯤이었다. 건조한 날씨에 강풍을 타고 불씨들이 사방으로 번지면서 산불이 순식간에 속초 시내까지 확산됐다. 「뉴스데스크」는 막 산불이 번지기 시작한 시각인 7시 30분에 시작됐기 때문에 현지의 자세한 상황을 파악하기 힘들었다. 일단 세꼭지의 리포트를 급히 만들어 종합적인 상황을 전했다.

그날 나는 약속이 있어서 뉴스 중간에 회사를 나서야만 했는데, 예감이 좋지 않았다. 최장원 편집에디터에게 춘천MBC와 강원영동MBC에 비상을 걸어 기자들을 빨리 산불 현장으로 보내라고 당부했다. 산불이 커지면 정규 방송을 중단하고 산불특보를 해야 하며, 만약 특보에 들어가야 한다면 왕종명 메인앵커가 퇴근하지 말고 직접 특보 진행을 맡게 하라고 말했다. 중요한 재난특보는 당직 아나운서보다 메인앵커가 진행하는 것이 훨씬 안정감을 준다.

예감은 틀리지 않았다. 10시쯤 벨이 울려 전화를 받아보니 최장원 에디터였다. 산불이 심각해져서 재난방송 특보 체제로 들어가야 한다는 얘기였다. 급히 회사로 돌아왔다. 정규 방송인 드라마가 끝난 뒤 왕종명 앵커가 특보를 준비하고 있었다. 편성국장에게 국가적 재난 상황이라고 설명하고 11시쯤 특보에 돌입했다. 그런데 앵커가 특보를 계속 끌어가는 게 힘겨워 보였다. 산불 현장에 기자들은 속속 도착했지만 불길이 여기저기 마구 번지다보니 중계차와 엔지니어들이 제대로 자리를 잡지 못해 라이브 연결이 늦어지고 있었다. 현지에서 시민들이 제보를 통해 보내온 거친 화면 위주로 기본적 내용만 반복해서 전달하는 상황이 계속되고 있었다. 이럴 때가 가장 고민스럽다. 분명 위중한 재난 상황인데 새롭게 들어오는 영상과 취재 내용이 부족해서 특보가 부실해지기 때문이다. KBS도 마찬가지 상황이었다. KBS는 심지어 잠깐 특보를 진행하다가 끊어버리고 「오늘밤 김제동」이라는 시사 프로그램을 시작했다.

편성국장이 다시 연락을 해왔다.

"박 국장, KBS도 정규 방송을 하는데 우리도 특보 끊고 정규 방송 들어가는 게 어떨까요? 특보 보니까 계속 비슷한 내용이 반복되던데."

"지금은 내용이 좀 부족해도 기자들 중계차가 연결되면 나아질 겁니다. 어떻게든 끌고 가볼 테니 걱정 마십시오."

"11시부터 예능이 나가야 합니다. 못 나가면 광고 손해가 꽤 있을 텐데 괜찮을까요?"

"만약 지금 특보 끊고 예능 내보내면 큰일납니다. 우리 둘 다 목이 날아갈지도 몰라요. 저를 믿고 보도국에 맡겨주십시오."

편성국장의 승인을 받아낸 나는 앵커와 특보 진행팀에게 힘들 겠지만 밤새울 각오를 하라고 통보했다. 서울 본사 기자들도 바로 강원도로 파견했다. 특보는 곧 탄력을 받기 시작했다. 중계차 세팅이 끝나서 라이브로 기자들이 하나둘 리포트를 전해오고 긴박한 상황을 촬영한 영상들도 계속 늘어났다. 특히 특보 진행팀은 산불을 피해 대피하던 시민들 수십명과 계속 통화하면서 앵커와 연결했다. MBC의 고성 산불 재난방송은 아침 뉴스가 시작되기 직전까지 단 한번도 멈추지 않고 이어졌다.

산불 피해는 심각했다. 주택 4백여채가 전소되고 7백명이 넘는 이재민이 발생했다. 피해면적이 1700여 헥타르에 이를 정도로 대형 재난으로 기록됐다. 피해가 크다보니 방송사들이 재난방송을 제대로 했는지에 대해서도 혹독한 평가가 이어졌다. SBS는 정규 방송을 내보내다 자정 직전 짧게 특보를 했고, JTBC는 아예 자정이 넘어 특보를 시작했다는 점이 지적됐다. 가장 거센 비난을 받은 방송사는 11시대에 정규 방송인 「오늘밤 김제동」을 내보낸 KBS였다. KBS 1TV는 수신료를 받는 재난주관 방송사인 데다가, 하필이면 김제동 씨가 보수진영으로부터 미운털이 박힌 진행자였기 때문이다. 야당인 자유한국당은 'KBS가 재난방송을 포기하고 김제동의 출연료를 챙겨줬다'며 원색적인 표현으로 맹비난했다. 결국 KBS 보도국장은 '부족했던 산불 보도'에 책임을 지고 사퇴했다.

그날 밤 내가 특보를 계속 진행하지 않고 잠깐이라도 정규 방송을 내보내도록 했다면 어떤 일이 벌어졌을까? 아마도 MBC가 KBS보다 더 심한 욕을 먹었을 것이다. 당시 예정돼 있던 예능 프로그램은 힙합 가수들이 춤추고 노래하는 오디션 프로그램이었기 때문이다. '목이 날아갈 수 있다'고 했던 내 말은 현실이 됐을 것이다. 상승세에 있던 MBC 뉴스의 신뢰도 역시 타격을 받고, 나도 공영방송의 의무를 다하지 못해 잘린 보도국장이 되지 않았을까?

공영방송의 의무는 자연재해 특보에만 국한되지 않는다. 세월호, 이태원 참사와 같은 대형 참사가 일어났을 때도 마찬가지다. 내가 늘 강조했던 말이 있다.

재난 상황이 벌어졌을 때, 처음부터 최대한 적극적으로 보도합시다.

재난보도는 모자란 것보다 지나친 것이 더 낫습니다.

몇십억 광고보다 국민 신뢰가 더 중요합니다. 그게 MBC의
숙명입니다.

조국 보도와 MBC 저널리즘

'MBC만의 차별화된 뉴스'란 무엇일까. 유치원 비리나 버닝썬
게이트처럼 끈질긴 취재를 통해 우리만의 어젠다를 만들어내는
것, 또는 김용균 씨 사망처럼 주목받지 못했던 사건을 우리만의
시각으로 이슈화시켜내는 것이 가장 좋은 사례일 것이다. 반면 어
떤 이슈를 모든 언론이 유사한 입장에서 보도할 때 MBC만 다른
관점을 보여주는 것도 차별화일 것이다. 모두가 'Yes'라고 할 때,
우리만 'No'라고 외친다고 차별점이 만들어지는 건 아니다. 옳은
길을 간다는 확신이 있어야 한다. 민주주의와 저널리즘의 원칙을
지키며, 진실을 추구한다는 믿음이 있어야 한다.

보도국장이 된 후 법원과 검찰을 취재하는 '법조팀'은 '인권사
법팀'으로, 사건·사고를 취재하는 '사회팀'은 '인권사회팀'으로 이
름을 바꿨다. 임영서 사회에디터의 제언을 수용한 것이었다. 검찰
이나 경찰을 취재할 때는, 언제나 수사 대상이 된 시민들의 인권
과 민주적 절차를 중요하게 생각하자는 일종의 다짐 같은 명칭이
었다. '버닝썬 게이트'의 도화선이 된 클럽 폭행 사건도 인권사회
팀 기자들이 경찰에게 억울한 일을 당한 피해자의 목소리에 주목
했기 때문에 방송을 탈 수 있었다. 인권사법팀 기자들에게는 검찰

못지않게 변호인의 입장도 취재하고, 판사들의 판결문도 잘 분석해달라고 당부했다. 나와 임 에디터는 둘 다 법조 취재 경력이 없었던 덕분에 '검찰과 경찰에 휘둘리지 않는다'는 원칙에 쉽게 합의할 수 있었다. 그런 원칙이 MBC 뉴스를 차별화하는 토대가 될 것이라고 믿었다. 2019년 하반기, 대한민국 최대 이슈였던 '조국 사태'가 그 차별화의 시험대였다.

2019년 8월 9일, 문재인 대통령은 장관 4명을 교체하는 인사를 단행하며 조국 민정수석을 법무장관 후보로 지명한다. 문 대통령의 신념이었던 검찰개혁의 적임자라는 것이 지명 이유였다. 조국 후보자는 충무공의 시를 인용하면서 '서해맹산誓海盟山의 정신으로 공정한 법질서 확립, 검찰개혁의 소명을 완수하겠다'고 각오를 다졌다. 곧바로 후보자 검증을 위한 인사청문회 정국이 시작됐다. 문 정부의 검찰개혁을 검찰 장악이라고 비난해온 자유한국당은 파상 공세에 돌입했고, 언론의 검증 보도 역시 조국 후보자에게 몰렸다.

언론들이 초기에 집중적으로 취재한 의혹은 조국 부부가 투자한 사모펀드, 그리고 딸 조민 씨가 고교 시절 학회 논문에 제1저자로 실린 과정이었다. 논문 문제는 책임저자인 의대 교수가 조민 씨 친구의 아버지라는 사실이 밝혀지면서, 부도덕한 방법으로 쌓은 스펙을 대학입시에 활용했다는 논란으로 번졌다. MBC의 검증 보도는 주로 스펙 쌓기와 관련한 의혹에 집중됐다. 기자들은 논문 데이터를 뒤지고 교육부와 대학 관계자들을 만나고, 강남 학원가를 열심히 돌아다녔다. 그 결과, 조국 후보자 딸의 스펙 쌓기 과정을 낱낱이 밝혀내고, 일부 계층에서 돈과 인맥으로 만들어지는 스팩들이 입시 전형에서 어떻게 반영되는가 하는 구조적 문제를 짚는 심층 취재까지 나아갈 수 있었다. 모두 기자들이 자발적으로 진행한 취재였다.

반면 사모펀드 의혹은 문 정부 핵심이었던 조 후보자의 '권력형 비리' 의혹으로 흘러가는 분위기였다. 포털사이트에는 하루 수십개씩 사모펀드와 관련된 '단독' 기사가 올라왔고, KBS, SBS, JTBC와 종편 등 경쟁사 뉴스들도 매일 한두개씩 특종을 내놓고 있었다. 그러나 MBC 「뉴스데스크」에서 사모펀드 관련 기사는 찾아보기 힘들었다. 모든 소스를 쥐고 있는 검찰과 우리 인권사법팀이 그리 좋은 관계이지도 않았지만 그것이 주요 원인은 아니었다. '왜 우리는 단독이 없냐'고 내가 다그치지 않았기 때문이었다.

매일 쏟아지는 엄청난 양의 기사를 마주하면서 고민이 많아졌다. 포털을 도배한 '권력형 비리' 의혹이 모두 사실인지 의심스러웠다. 검찰의 대대적 수사에 검찰개혁 저지의 의도가 있다는 비판이 거세지고 있었다. 난 언론이 검찰에 이용당할 수도 있다고 봤다. 그래서 임영서 에디터에게 '우리가 확인한 게 아니라면 검찰말만 듣고 쓸 필요 없다. 특종 없어도 좋다'고 말했다. 이럴 때일수록 MBC만이라도 신중한 보도 태도를 지켜야 한다고 생각했다.

당시 조국 법무부 장관 후보에 대해 쏟아진 검증 보도의 문제점을 좀더 자세히 살펴보자. 먼저 우리 언론과 검찰의 오랜 공생관계를 거론하지 않을 수 없다. 고위 공직자, 정치인의 범죄 혐의는 주로 검찰 수사에 의해 드러나고 기사화된다. 제보를 받는 경우도 있지만 그럴 경우 기자들은 반드시 당사자의 반론을 취재해서 기사에 반영하기 마련이다. 때에 따라 반론이 일리가 있으면 아예 기사를 쓰지 않는 경우도 많다.

그러나 범죄나 비리 혐의에 대한 소스가 검찰이라면 대부분 반론 기회는 주어지지 않는다. 그냥 검찰이 알려준 혐의 내용을 검증 없이 받아쓰고 그게 객관적인 기사라고 생각한다. 검찰 출입기자들은 기본적으로 검찰에 대한 신뢰를 갖고 있기 때문이다. 검사가 엉터리로 수사를 하거나 의도적으로 팩트를 조작했을 거라는 생각은 하지 않는다. 검사는 '나쁜 놈을 잡기 위해' 수사하고 기자는 '그놈이 나쁜 짓을 했다'고 기사를 쓰면 끝이다.

영화 「내부자들」에서 이경영 씨가 연기했던 검사 출신 정치인 장필우의 대사 한토막을 보자. 그는 술자리에서 이렇게 떠들어댄다.

"대한민국 검사라는 게, 정의를 실현하기 위해서 고독할 수밖에 없거든. 1990년 노통이 범죄와의 전쟁을 선포하고 나서, 내가 그냥 다 잡아 처넣었어. 파친코 깡패 새끼들, 그 깡패 새끼들한테 돈 받아 처먹은 개새끼들. 근데 그 개새끼들 중에 우리 검사장도 있더라고. (그래서 어떻게 하셨습니까?) 검사장이고 나발이고, 이 고독한 정의의 승부사 장필우가 그냥 잡아 처넣었지."

스스로를 '정의의 승부사'로 여기는 검사들의 자부심이 잘 드러난 대사라고 할 수 있다. 나 역시 평기자 시절 고위직 검사와의 술자리에서 비슷한 맥락의 얘기를 들은 적이 있다. 검사들은 '센 놈을 수사해서 잡아넣은 것'을 자랑스러워하고, 기자들은 '센 놈을 조지는(비판하는) 기사를 쓴 것'을 자랑스러워하는 경향이 있다. 두 조직의 이해관계가 만나는 지점이 바로 여기다.

충남대 언론정보학과 김재영 교수는 이러한 검찰과 언론의 공생이 '정의롭다는 착각'에서 비롯된다고 지적한 바 있다. 검찰이 수사 단계에서 혐의 내용을 유출하고 언론은 이를 받아써서 확정된 범죄인 것처럼 묘사하는 것을 당연히 생각할 뿐 아니라, '정의롭다'고 여긴다는 것이다. 과거에는 검사와 기자가 '정의로운 합작'을 통해 권력의 비리를 단죄하는 쾌거를 올린 경우도 적지 않았다. 1987년 민주항쟁의 도화선이 됐던 '서울대 박종철 군 고문치사 보도'가 대표적인 사례. 경찰의 은폐 시도에 분노한 평검사가 '남영동 대공분실에서 조사받던 대학생이 사망했다'는 정보를 『중앙일보』 기자에게 흘려준 것이 보도의 시작이었다.

그러나 요즘도 검찰과 언론의 '합작'을 '정의롭다'고 인정해줘야 할까? 노무현 전 대통령 수사 당시 국민들에게 큰 충격을 안겼던 SBS의 '논두렁 시계' 보도를 보자. 노 전 대통령 부부가 '논두렁' 진술을 한 적이 없는데도 검찰이 관련 내용을 흘렸다는 사실이 SBS의 진상조사로 뒤늦게 드러났다. 김재영 교수는 "검찰과 언론은 독립성·합리성·공정성 등 핵심 가치가 유사하면서 (핵심 가치의) 근간인 신뢰도가 굉장히 낮다는 공통점도 있다"며 "피의사실 공표와 마녀사냥식 여론재판에 있어 검찰과 언론은 한몸"이라고 지적했다.[*]

특히 검사들은 수사에 대한 여론을 유리하게 조성하기 위해 기자들의 특종 욕심을 활용한다. 검사는 출입기자 전체를 상대로 수

---

[*] '언론과 권력', 한국언론정보학회 세미나, 2023년 4월 7일; 「검찰과 언론, '정의롭다는 착각'이 초래한 비극」, 『미디어오늘』 2023년 4월 8일.

사 내용을 브리핑하지 않는다. 피의사실 공표죄에 해당하기 때문이다. 대신 '티타임'이라는 이름으로 한두명씩 따로 만나 피의자에게 불리한 내용만 조금씩 흘려준다. 하루에도 여러번 기자들을 바꿔가며 티타임을 갖는 경우도 있다. 그렇게 해서 '단독' 타이틀을 단 검찰 수사 속보들이 매일 포털사이트를 가득 메우게 된다. 물론 이런 기사일수록 취재원은 드러나지 않는다. '알려졌다' '전해졌다' '검찰은 이러이러한 가능성을 조사하고 있다' 등의 모호한 수식어로 충분할 뿐이다. 이른바 검증 안 되는 '맹목적 인용'으로 만들어진 기사지만, 검사가 자신에게만 흘려준 내용이기 때문에 특종이 된다.

그런데 대한민국을 뒤흔들었던 사건의 재판 과정에서 검찰 수사가 엉터리였거나 불충분한 것으로 밝혀진 사례는 얼마든지 있다. 굳이 독재정권 시절로 거슬러 올라갈 필요도 없다. 최승호 PD가 다큐멘터리 「자백」을 통해 밝혀낸 유우성 씨 간첩 조작 사건이 대표적인 예다. 서울시 공무원이었던 유우성 씨는 기소 당시 언론 보도에 의해 이미 간첩으로 낙인찍혀 아무런 반론도 제기하지 못하고 재판을 받았다. 그 결과 인생이 파괴되고 말았지만 검찰과 언론은 전혀 사과하지 않았다.

나는 조국 법무장관 후보자에 대해 쏟아지는 '비리 속보'들을 바라보며 검찰과 언론의 합작이 시작됐다고 생각했다. 특히 인사청문회 며칠 전부터는 조국 부부가 투자했던 사모펀드가 '권력형 비리'의 온상인 것처럼 묘사하는 기사들이 많았다. 낯선 금융계 전문용어들이 등장했다. 사람들은 기사 내용도 제대로 이해하지 못한 채 '깨끗한 척하더니, 뒤로 무슨 짓을 한 거야?'라며 분노했다. 그럴 만했다.

예를 들어 인사청문회를 앞두고 언론들이 앞다투어 보도했던 「조국, 민정수석 시절 사모펀드에 75억 투자 약정」이라는 기사를 보자. 한 경제신문의 특종으로 시작돼 모든 언론으로 확산됐는데, 이른바 '사모펀드 의혹의 도화선'에 해당하는 기사다. 정경심 교수가 자신과 두 자녀의 이름으로 펀드에 투자한 돈은 총 10억 5천만 원이었는데, 출자증서상 약정액은 '74억 5500만원'이었다는 것이 핵심 내용이다. 그런데 언론들은 '나머지 64억은 어떻게 조달하려고 했는지' '애초 실제 투자액의 7배가 넘는 금액을 왜 약정했는지' 검찰이 조사하고 있다면서 의혹을 확산시켰다. 다시 말해 조국 부부는 10억만 내고 나머지 수십억은 뇌물로 받으려 한 게 아니냐는 의혹 제기였다.

의혹은 다시 펀드가 출자한 회사 '웰스씨앤티'로 이어지고 '스마트 가로등' 사업, '공공 와이파이' 사업 같은 단어가 등장한다. '조국 민정수석이 이런 사업에 간접 투자하고 인허가 로비를 받았을 가능성을 검찰이 캐고 있다'는 식의 무책임한 기사도 나왔다. 심지어 '조국 관급공사 비리' '구린내 진동'이라는 원색적인 표현을 동원한 언론사도 있었다. 그러나 정작 수십곳의 압수수색을 거친 검찰 공소장에는, '스마트 가로등'도 '공공 와이파이'도 '관급공사'도 등장하지 않았다. '청와대 민정수석이라는 권력을 이용해 펀드로 뇌물을 받은 것'처럼 암시된 모든 의혹들이, 검찰과 언론의 상상력의 산물이었을 뿐이다. 대법원 확정 판결까지 유죄로 인정된 것은 정경심 교수가 미공개 정보를 사전 취득해 주식을 산 혐의와 타인 명의로 주식을 거래한 금융실명법 위반 혐의 등이었다. 사모펀드를 통한 권력형 비리 의혹들은 단 하나도 실체가 없었다.

언론이 조국 부부의 사모펀드를 권력형 비리와의 연결 고리로 바라본 것은 당연히 검찰 플레이에 놀아난 때문이었다. 그렇다면 왜 그렇게 검찰은 조국 부부의 사모펀드에 집착했을까? 청와대 대변인을 지낸 김의겸 의원의 증언을 보면 어느정도 설명이 된다. 당시 윤석열 검찰총장이 청와대에 "대통령을 독대할 수 있는 기회를 달라. 내가 론스타를 해봐서 사모펀드를 잘 아는데 조국 나쁜 놈이다. 대통령께서 장관에 임명하면 안 되고 내가 직접 뵙고 설명할 기회를 달라."•고 했다는 것이다. 윤석열 총장은 조국 수석의 범죄 혐의를 확신하고 있었다는 얘기였다. 그러나 수사 과정에서 사모펀드 관련 혐의들이 점차 약해지자, 수사 초점은 자녀들의 표창장이나 봉사활동 기록 위조 등으로 옮겨갔다. 애당초 수사 목표였던 권력형 비리는 아니었지만 여론은 오히려 이쪽에서 더 불타올랐다.

나는 유죄 판결을 받은 정경심 교수의 표창장 위조 혐의나 허위 경력 제출 혐의를 옹호할 생각이 전혀 없다. 조국 부부가 죄를 저질렀다면 처벌을 받아야 한다. 그 죄에는 '실정법을 어긴 죄' 말고도 '국민정서를 거스른 죄'도 포함된다. 국민정서법상 가장 큰 죄는 '내로남불' 죄다. '깨끗한 척하더니 너도 똑같구나' 하는 게 바

• 「〔시선집중〕 김의겸 "윤석열 '조국만 도려내겠다' 보고는 팩트 … 내사보고서도 있었다"」, MBC라디오, 2021년 7월 1일.

로 내로남불 죄 아닌가.

우리 정치판에서 내로남불 죄는 주로 진보진영 정치인들에게 결정적인 타격을 입힌다. 코인 거래 사실이 드러나 비난받는 민주당 김남국 의원은 결국 총선 불출마 선언을 했다. 반면 뒤늦게 코인 거래가 확인된 국민의힘 권영세 의원은 별다른 타격을 받지 않았다. 정의당 노회찬 의원의 정치자금법 위반 혐의는 비극으로 끝났다. 아들이 퇴직금으로 50억원을 받은 보수 정치인은 재판을 통해 뇌물 혐의를 벗은 반면, 대가 없는 돈 5천만원을 받은 노회찬은 재판도 하기 전에 목숨을 끊어야만 했다. 조국 후보자 역시 '표창장 위조'라는 단어 하나로 실정법보다 국민정서법을 더 크게 어긴 죄로 형벌을 받았다. 조국은 스스로 '멸문지화'를 당했다고 말했다.

그러나 나는 당시 조국 일가에 대한 무지막지한 수사와 언론의 융단폭격 역시 정상이 아니라는 느낌을 받았다. 검찰개혁에 조직적으로 저항하는 검찰의 의도가 의심스러웠다. 언론들이 '살아 있는 권력을 비판한다'는 정의감에 취해 오히려 이용당하는 것은 아닐까 걱정스러웠다. MBC 기자들에게 '특종을 안 해도 좋으니 검사가 주는 정보는 신중하게 확인하고, 조국 후보자 측의 반론을 가급적 반영해서 기사를 써달라'고 당부한 것도 그런 이유에서였다. 적어도 MBC 뉴스라면 검찰의 언론 플레이에 놀아나서는 안 된다고 판단했다.

'조국 사태'의 광풍은 정권을 흔드는 태풍으로 변했다. 검찰은 70여건의 압수수색을 통해 조국 후보자의 인사청문회 도중 부인 정경심 교수를 조사도 없이 전격 기소했다. 문 대통령은 9월 9일

법무장관 임명을 강행했지만 조국 장관은 검찰 수사를 버티지 못하고 35일 만에 사퇴했다.

그러나 검찰의 대대적인 수사와 이를 무비판적으로 중계하는 언론 보도에 대한 불만도 커지고 있었다. 검찰이 조국 장관 자택을 압수수색하던 날, 아파트 앞에서 진을 치고 조국 가족들을 스토킹하듯 취재하는 기자들에 대한 비난이 거세게 일었다. '기레기'라는 용어는 이제 일부 기자들이 아니라 언론 전체에 대한 멸칭이 됐다. 동시에 사모펀드 관련 기사를 남발하지 않고 비교적 차분하게 팩트를 전하는 MBC 뉴스에 대한 재평가도 진행되고 있었다. 'MBC 보도는 다른 언론과 다르다, MBC가 달라졌다'는 의견들이 많았다. 물론 'MBC도 다른 기레기들이랑 다를 게 없다'는 비판도 적지 않았다. 나는 모든 의견이 소중하다고 생각했다. 우리의 노력을 시청자들이 조금씩이라도 알아주면 그것으로 됐다. 난공불락이었던 JTBC를 따라잡을 날도 곧 오겠지 여겼다. 그러던 와중에 서초동 검찰청사 앞에 촛불을 든 사람들이 모이기 시작했다.

검찰개혁 집회와 드론

처음 사람들이 모인 장소는 대검찰청과 서울중앙지방검찰청 바로 중간인 서울 서초역 7번 출구 근처였다. 집회를 주최한 단체는 '검찰개혁 사법적폐청산을 위한 범시민연대'였는데 9월 중순까지만 해도 모인 시민이 평일에는 몇백명, 토요일에 몇천명 수준이었다. 대부분의 언론은 집회에 관심을 보이지 않았다. 이들이 외친 구호는 주로 '검찰개혁' '조국 수호'였는데, 많은 언론들이 이들을 조국 장관의 팬덤쯤으로 생각했을 것이다. 처음엔 나도 그렇게 생각했고 당연히 MBC 뉴스에서도 다루지 않았다.

그런데 9월 21일 토요일부터 상황이 달라졌다. 집회 참가자가 꽤 많아져서 인권사회팀이 현장 취재를 했고 「뉴스데스크」에 라이브로 보도했다. 마침 자유한국당의 '조국 장관 사퇴' 집회도 광화문에서 열렸기 때문에 두 집회가 함께 보도됐다. 유튜브에 올라온 동영상을 보니 자유발언대에 오른 시민들의 발언이 주목할 만했다.

"제가 오늘 집회에 참석한 이유는 조국 수호가 아닌, 검찰개혁 때문입니다. 지금 검찰의 수사 행태는 국민으로서 용납할 수 없습니다."

"꼭 문재인 대통령과 조국 장관을 지지해서 이 자리에 나온 것이 아닙니다. 공수처 설치하고 특수부를 폐지해서 검찰개혁을 꼭 완수해야 한다고 생각합니다."

한마디로 조국 장관의 거취보다 검찰개혁이 더 중요하다고 생각하는 시민들이 모였다는 얘기였다. 물론 조국을 지켜야 한다고 말하는 사람들도 있었지만 상대적으로 소수였고, 집회 사회자들도 검찰개혁의 당위성에 집중하는 분위기였다. 사실 검찰의 수사권 조정, 고위공직자범죄수사처(약칭 공수처) 설치, 특수부 폐지 등

을 핵심으로 하는 검찰개혁은 문재인 정부뿐 아니라 자유한국당
도 예전부터 주장해오던 이슈였다. 서초동 집회를 조국 수호를 위
한 집회가 아니라 검찰개혁을 요구하는 집회로 본다면 뉴스 가치
는 충분하고도 남았다. 문제는 얼마나 많은 사람들이 모일 것인가
였다.

주최 측은 다음 토요일인 9월 28일에 더 큰 규모의 집회를 열겠
다고 예고했다. 큰 집회가 예상될 경우 SNS와 인터넷 커뮤니티의
움직임을 보면 시민들이 얼마나 참석할지 가늠할 수 있다. 28일
집회에 대한 온라인의 분위기는 주초부터 심상치 않았다. 트위터
와 페이스북이 가족을 데리고 집회에 나가겠다는 목소리로 뜨겁
게 달아올랐다. 수요일쯤 되니 커뮤니티 게시판들이 집회 얘기로
가득 채워졌다. 임영서 에디터에게 당일 엄청난 인파가 몰릴 것
같으니 기자들을 여러명 내보내 취재시키라고 당부했다. 그리고
영상취재팀 데스크를 불렀다.

"토요일 서초동 집회가 엄청 커질 것 같은데 그림을 어떻게 찍
을 계획이지?"

"서초역 사거리는 검찰청, 대법원, 교회 말고는 빌딩이 없습니다.
옥상에 올라갈 수가 없으니 그냥 길에서 적당히 찍어야 합니다."

"그래서 말인데, 드론을 띄워서 촬영하면 어떨까?"

"드론이요? 그 정도로 사람이 많이 나올까요?"

"내 예감이 심상치 않아서 그래. 밑져야 본전이니 드론 촬영을
해봅시다."

드론 촬영을 지시한 의도는 별것 아니었다. 높은 빌딩에서 촬영할 수 없는 것에 대한 대안으로 나온 아이디어일 뿐이었다. 드디어 토요일. 집에서 쉬면서 인터넷을 보니 이미 오후부터 인증숏들이 수없이 올라오고 있었다. 실시간 CCTV를 봐도 광화문 촛불집회 못지않은 규모의 집회가 예상됐다. 뉴스 시작 한시간 전, 보도국으로 전화를 걸어 확인해봤다. 이상 없이 드론 촬영을 끝냈고, 기자들도 생방송 준비를 잘하고 있다고 했다. 드론을 띄운 방송사는 우리밖에 없으니 그림이 완전히 다를 거라는 말을 듣고 만족했다.

8시에 「뉴스데스크」가 시작되자 앵커들이 톱뉴스로 서초동 검찰개혁 집회에 주최 측 추산으로 1백만명이 모였다고 전했다. 어떤 화면이 나올까 기대하던 나는 깜짝 놀랐다. 집회 참가자들은 엄청 많아 보였는데 지상에서 촬영된 평범한 화면들만 뉴스에 나가고 있었다. 심지어 중계차도 연결되지 않아서 현장 기자가 전화로 리포트를 했다. 그렇게 내가 미리 얘기했건만 어떻게 된 걸까?

사정을 들어보니 이해가 갔다. 뉴스용 중계차는 위성 연결 방식과 통신사 데이터를 쓰는 LTE 방식 이렇게 두가지가 있는데, 서울 시내에서는 대개 LTE 중계차로 생방송을 한다. 그런데 서초동에 워낙 많은 인파가 몰리다보니 LTE 연결이 힘들어졌고 결국 뉴스가 시작할 때까지 화면 송출이 거의 안 됐다는 것이다. 다음 날인 일요일 아침, 회사에 출근해서 뒤늦게 들어온 드론 영상을 모니터링했다. 서초역 일대를 가득 메운 거대한 촛불인파가 다양한 각도로 생생하게 촬영돼 있었다. 나는 휴일 근무를 하러 나온 차장급

기자를 따로 불러 오늘 「뉴스데스크」에 드론 영상만을 활용해서 별도로 리포트를 하라고 지시했다. 얼마나 많은 시민들이 모였는지 보여주되 차분하게 팩트만 전해달라고 당부했다.

인터넷과 SNS는 벌써 전날 집회 참가자 규모를 두고 거센 논란이 일고 있었다. 주최 측은 1백만을 넘어 2백만에 육박했다고 주장하는 반면, 자유한국당 측이나 보수 논객들은 많아야 10만~20만이라고 깎아내렸다. 난 페이스북에 글을 띄웠다. 보도국장이 된 후 SNS 활동을 중단했었는데 오랜만에 쓰는 글이었다.

작년 6월 보도국장직을 맡은 이후 페이스북 활동을 중단했다가 정말 오랜만에 인사 올립니다. 어제 「뉴스데스크」 검찰개혁 촛불집회 보도에 짤막하게 나간 드론 영상에 대해 궁금해하시는 분이 많은 것 같아서요.

지난 목요일쯤부터 인터넷 분위기를 보니 토요일 촛불집회가 심상치 않을 것 같다는 느낌이 들었습니다. 그래서 영상취재팀에게 드론 촬영을 검토해달라고 했습니다. 그런데 저희 예상보다 훨씬 많은 어마어마한 수의 시민들이 몰리면서 열심히 촬영한 영상을 뉴스 직전까지 현장 LTE로 송출하지 못하는 '참사'가 빚어졌습니다. 아주 일부의 영상만 간신히 내보낼 수 있었죠.

그래서 오늘 「뉴스데스크」에서 드론으로 여러 각도에서 잡은 촛불집회 영상을 다시 보여드리려고 합니다. 특종 영상이라고 할 수는 없지만 집회 규모를 파악하는 데는 도움이 되리라 생각합니다.

반응은 예상보다 훨씬 뜨거웠다. 그날 내내 인터넷 게시판과 SNS는 내 글을 인용해 'MBC가 드론 영상을 「뉴스데스크」에서 공개한다'고 알리는 소식으로 채워졌다. 그리고 저녁 8시, 거대한 촛불의 행렬을 항공에서 다각도로 촬영한 영상이 생생한 리포트로 전해졌다. 시청자들은 집회의 규모를 눈으로 확인할 수 있었고, 해당 리포트는 수도 없이 공유됐다. 전날의 화면 송출 실패가 전화위복이 된 셈이었다. MBC 뉴스의 존재감과 영향력을 확실히 증명한 날이었다. 서초동 검찰개혁 집회는 이후에도 주말마다 계속됐다. 집회 참가자들은 MBC 기자들이 보일 때마다 칭찬을 던졌다.

"MBC 파이팅! 계속 진실 보도 부탁해!"

주로 이런 유의 칭찬이었다. 정확히 3년 전, 광화문 촛불집회에서 '엠빙신 물러가라'는 비난에 몰래 숨어서 방송을 해야 했던 기자들을 생각해보면 믿기 힘든 변화였다.

MBC 뉴스가 다시 힘을 회복한 중요한 계기가 '조국 사태 보도'의 차별화에서 비롯됐다는 것은 부인할 수 없는 사실이다. 집회 현장에 나온 시민들이 바라는 것은 무엇이었는지, 그런 요구를 외친 시민들의 규모가 얼마나 되는지 여실히 보여준 것이 결정적 방아쇠였다. 여기에 관성적 검찰 보도에서의 탈피, 받아쓰기 보도와의 차별화 같은 외롭게 실천해온 노력이 더해졌다. 그에 힘입어 2019년 하반기는 MBC 「뉴스데스크」가 주 시청자층이 겹쳤던

JTBC「뉴스룸」을 시청률에서 따라잡고, 신뢰도나 영향력 조사에서도 괄목상대할 만한 상승폭을 보여준 시기였다.

MBC가 문재인 정권을 옹호하고 진보진영 시청자들의 마음을 사기 위해 조국 수사 보도를 소극적으로 한 것이라고 깎아내리는 시각도 있다. 반박할 가치도 없는 주장이다. '조국 보도' 특히 사모펀드 관련 보도에서 언론들이 보여준 모습은 분명 심각한 저널리즘의 위기였다. 검찰 제공 정보 받아쓰기, 조국 가족 스토킹, 근거 없는 의혹 제기 등의 행태는 우리 언론이 세월호참사 때보다 나아진 게 거의 없음을 확인시켰다. 이제 이런 관행은 더이상 용인되지 않는다. 수많은 뉴미디어 플랫폼에 산재한 전문가와 집단지성에 의해 낱낱이 분해당하고 비판당한다. 예전처럼 대충 기사 쓰면 외면받는 시대가 된 것이다.

나는 해직 언론인 시절부터 그런 흐름을 직시하고 있었고, 복직 이후 뉴스 살리기 작업을 이끌면서도 흐름을 놓치지 않기 위해 끊임없이 고민했다. 무엇이 공영방송에 걸맞은 저널리즘인가, 어떻게 해야 '다른 뉴스'를 만들 수 있을까, 기자들과 최대한 토론하고 자율적인 취재를 주문했다. 유치원 3법을 만들어낸 유치원 비리 보도, 중대재해처벌법을 이끌어낸 김용균 씨 사망 보도, 마약 성범죄 실태를 6개월 넘게 추적한 버닝썬 게이트 등은 그런 기자들의 투혼이 결집된 대표적 성과였다. 큰 상들도 모두 휩쓸었다. 우리는 사회적 약자와 소수의 입장을 대변하려 애썼고, 메인뉴스 시간을 90분으로 늘려 방송 뉴스의 약점인 깊이와 다양성을 보완했다. '시청자 눈높이를 따라가는 뉴스' '엘리트 의식을 버리고 현장에서 시민과 만나는 뉴스'라는 원칙을 기자들이 이해하고 완성해줬다. 고마울 따름이다.

2부

MBC 살리기 2:
공영방송 사장은
저널리즘으로 평가받는다

MBC 사장이 되다

2019년이 저물어갈 무렵, 뉴스는 순항하고 있었다. 메인뉴스 시청률은 안정적인 6~7퍼센트를 유지했고, 유튜브 뉴스 구독자도 1백만명을 넘어섰다. 기자들의 자신감과 조직력이 살아나 자신 있게 이슈를 주도하는 취재와 신선한 기획 들이 계속 이어졌다. 「PD수첩」과 「스트레이트」로 대표되는 탐사 프로그램들도 묵직한 메시지와 깊이있는 취재로 존재감을 더했다. 반면 회사의 매출을 책임지는 드라마와 예능 프로그램들은 좀처럼 기지개를 펴지 못하고 있었다. 가장 큰 원인은 달라진 콘텐츠 환경에 대응하는 개혁이 속도를 내지 못하고 있었기 때문이다. 시청자들이 TV를 떠나 유튜브와 넷플릭스로 옮겨가고 있는데 방송사들은 대응이 느렸다. KBS와 MBC 같은 덩치 큰 공영방송들은 더 느렸다.

지상파 TV가 드라마와 예능 콘텐츠를 주도하던 시절에 5조원대에 이르던 지상파 광고시장이 1조원대로 급전직하했다. 설상가상으로 MBC는 이명박, 박근혜 정권의 암흑기를 거치면서 콘텐츠 경쟁력이 바닥으로 떨어진 상황이었다. 최승호 사장과 경영진은 심각한 상태의 MBC를 넘겨받아 2년여간 온갖 노력을 기울였다. PD들에게 새로운 프로그램을 마음껏 시도할 수 있도록 기회를 주고, 유튜브 기반의 콘텐츠 제작 시스템도 강화하는 한편, 지상파 연합 온라인동영상서비스^{OTT, Over-the-top}인 웨이브도 만들어 뉴미디어 시장을 개척했다. 문제는 속도였다. 10년에 걸쳐 추락한 경쟁력을 다시 끌어올리는 것은 최소한 몇년이 걸리는 일이었지만, 적자 폭이 줄지 않자 화살은 경영진에게 쏠렸다.

　그 와중에 최승호 사장의 첫번째 임기 만료가 닥쳤다. 나는 경영진이 고생한 만큼 곧 성과가 나오리라고 봤다. 그래서 사장이 연임에 성공해서 다시 한번 MBC를 이끌어야 한다고 생각했다. 그러나 최승호 사장은 12월 18일 사내 게시판에 "MBC는 새로운 리더십으로 새 시대를 열어가야 한다"면서 "연임에 도전하지 않겠다"는 결심을 밝혔다. 최 사장은 "지난 2년간 저는 여러분과 함께 MBC의 적폐를 청산하고 〔MBC를〕 재건하기 위해 노력했다. 청산은 이뤄졌지만 콘텐츠를 재건하는 것은 아직 진행 중"이라며 "새로운 리더십과 함께 여러분이 힘을 합쳐 노력한다면 반드시 콘텐츠 왕국 MBC를 재건할 수 있으리라 믿는다"고 말했다.

　사원들 모두 놀랐지만 최승호다운 선택이었다. 적폐청산이 어느정도 완수되고 뉴스와 시사 프로그램의 신뢰도가 살아났다. 반

면 돈을 벌어주는 콘텐츠들의 경쟁력 회복은 더뎠다. 최 사장은
이런 상황에서 사장 자리에 연연하는 모습을 보이기보다는 저널
리스트로 돌아가겠다는 약속을 지키고 싶었을 것이다. 난 고민과
결심의 흔적을 누구보다 잘 이해할 수 있었다.

　사장의 연임 포기 선언에 회사는 술렁이기 시작했다. 나 역시
'어떤 선배가 다음 사장이 될까, 누가 사장이 돼야 회사가 더 좋아
질까' 이리저리 전망해봤다. 신망 있는 선배들은 많았지만 딱히 유
력해 보이는 사장감은 없었다. 상관없다. 사장이 누가 되든 나는
보도국장으로서 뉴스만 잘 만들면 된다. 새 사장이 오면 '쉬고 싶
다'고 말해야겠다. 그리고 평기자로 돌아가서 후배들과 함께 일해
야겠다. 그렇게 스스로에게 다짐하며 2020년 새해를 맞았다.

　새해 연휴가 끝나고 며칠 뒤, 최장원 편집에디터와 이언주 편집
팀장 등 내가 신뢰하는 후배들과의 술자리에서 일이 시작됐다. 후
배들은 내가 사장에 출마해야 한다고 주장했다. '지금 회사에서 사
장에 출마할 자격이 있는 사람은 뉴스를 살린 보도국장밖에 없다'
는 얘기였다. 뉴스 말고는 경쟁력 회복이 더딘 상황이니 내가 '회
사를 다시 일으키겠다'고 선언하면 모두 수긍할 것이라고 했다. 나
는 '쓸데없는 말 말라, 내가 무슨 사장이냐, 보도국장에서 바로 사
장이 된 경우는 없다'고 일축했다. 그러나 후배들은 잘 생각해보라
고 계속 부추겼다.

　그런데 그날 이후 머리가 복잡해졌다. 솔직히 말해서 '언젠가
는 MBC 사장에 도전하고 싶다'는 꿈이 내게 없었다고 하면 거짓
말일 것이다. 샐러리맨의 꿈은 CEO 아닌가. 그러나 보도국장으로

일하던 도중에 사장 출마에 나서는 것은 아무리 봐도 단계를 뛰어넘는 행보였다. 방문진 이사들도 무리라고 여기지 않을까? 난 후배들에게 아무래도 사장 출마는 아닌 것 같다고 말했다. 그러자 그들은 '박성제 국장이 사장에 나선다더라'는 얘기가 이미 회사 안팎에 돌기 시작했다고 전했다. 이미 대세론이 만들어지고 있으니 내가 무조건 출마해야 한다는 얘기였다.

며칠 동안 좌고우면의 시간이 흘렀다. 신뢰하는 몇몇 선배에게 고민을 털어놓았더니 모두 '젊은 사장이 나올 때가 됐다'면서 출마를 권했다. 마음을 굳힌 건 아내의 조언 덕분이었다. 내가 삶의 고비마다 어떤 결정을 내리든 응원해준 아내는 이번에도 쿨하게 말했다.

"마음 가는 대로 결정해. 아무렴 사장이 보도국장보다 더 힘들겠어? 당신은 좋은 사장이 될 수 있을 거야."

나는 일단 마음을 먹으면 바로 실행한다. 해직 시절 공방에서 스피커를 만들다가 아예 사업으로 발전시킬 때도 그랬다. 판매할 스피커의 시제품을 만들고, 이를 인터넷에 공개하고, 회사를 세우고, 첫번째 제품의 판매를 성공시키기까지 석달이 채 안 걸렸다. 기자들의 반대를 무릅쓰고 와이드 뉴스를 출범시켰을 때도 마찬가지였다. 일을 도모할 때는 뒤돌아보지 않는 추진력이 가장 중요하다. 머뭇거리면 될 일도 안 된다. 사장 출마를 결심한 이상 가장 먼저 나서서 대세론을 만들어야 한다고 판단했다.

1월 13일, 방송문화진흥회가 새로운 사장 공모 일정을 발표했다. 나는 바로 최승호 사장과 정형일 보도본부장에게 사장에 출마하기 위해 보도국장을 사퇴하겠다고 말씀드렸다. 두 선배 모두 '잘 되기를 바란다'며 격려해주었다. 그리고 다음 날 난 보도국 편집회의에서 에디터와 팀장 들에게 공개적으로 사장 출마 의사를 밝혔다.

"사장 출마를 위해 보도국장을 사퇴하겠습니다. 여러분과 힘을 합쳐 뉴스를 살린 경험을 바탕으로 회사의 콘텐츠 경쟁력도 살려보고 싶습니다. 두가지 약속을 하겠습니다. 저는 캠프를 만들지 않고 혼자서 공모 준비를 할 것입니다. 또, 만약 사장이 되지 못하면 평기자로 돌아가서 보직을 맡지 않고 현장에서 뛰겠습니다."

처음부터 사장 출마를 권유했던 후배들은 '잘 생각했다'는 반응이었지만 갑작스러운 내 선언에 놀라는 기자들이 더 많았다. 나는 페이스북에도 출사표를 올렸다.

많은 고민 끝에 MBC 사장 공모에 도전하기로 결심했습니다. 저는 1년 7개월 전 보도국장이 돼서 MBC 뉴스 개혁을 시작할 때 초심을 잊지 않고 있습니다. '국민의 눈높이를 못 따라가는 언론은 이제 살아남을 수 없다'는 것이 제 신념이었습니다. 지금부터는 MBC 전체의 경쟁력을 되살리기 위한 비전을 만들어보고 싶습니다.

경륜 있고 훌륭한 선배들이 많이 나오시겠지만, 뉴스를 살린 경험과 저만의 에너지로 깨끗하고 아름답게 경쟁하겠습니다. 물론 사장이 되지 못하면 당연히 현장을 누비는 기자로 즐겁게 백의종군할 것입니다.

바로 휴가를 내고 공모 준비에 들어갔다. 지원한 후보자들은 17명이나 됐다. 대부분 50대 후반에서 60대 나이로 잘 아는 선배들이었다. 나는 당연히 가장 젊은 후보였지만 단순히 젊다는 것만으로 어필할 생각은 없었다. 3명의 최종 후보를 골라내는 방문진 1차 면접 날, 나는 이사들에게 '모든 후보들이 능력과 비전을 내세우지만, 실질적인 성과로 증명한 사람은 나밖에 없다'고 강조했다. 무난히 1차 면접을 통과하고 3명의 최종 후보에 들었다.

전통적으로 MBC 사장은 3명의 후보를 놓고 방문진 이사들이 다시 집중 면접을 해서 투표를 하는 방식으로 선출된다. 이명박, 박근혜 정권 때는 정권에 의해 사장이 이미 내정되기 때문에 이런 절차가 요식행위에 불과했다. 반면 문재인 정권이 들어선 후, KBS 와 MBC, EBS 사장은 이사회의 자율적인 논의에 의해 선출돼왔다. 특히 KBS 이사회는 2018년 양승동 사장을 다시 선출할 때 '시민자문단' 제도를 도입했다. 여론조사기관이 선발한 시민 대표들 앞에서 후보들이 진행한 PT(프레젠테이션)의 점수를 이사들의 면접 점수와 합쳐 사장을 결정하는 제도였다. 방문진도 비슷한 방식의 시민평가단 제도를 처음으로 도입하기로 했다. 따라서 시민들 앞에서 PT를 얼마나 설득력 있게 펼치느냐가 결정적인 변수가 될 터였다.

내게 불리할 것은 없는 방식이었다. 문제는 내가 파워포인트 프로그램을 다룰 줄 모른다는 점이었다. PT를 멋지게 만들어줄 조력자가 필요했다. 회사 후배들에게 부탁할 생각은 처음부터 없었다. 사내 캠프를 만들지 않고 혼자서 준비하겠다고 선언했기 때문이다. 고민하다 인터넷을 검색해보니 PT를 제작해주는 프리랜서들이 꽤 많았다. 관련 사이트에 올려져 있는 샘플 작업물들을 살펴보고 적당한 분에게 연락을 해서 PT 제작을 의뢰했다.

그런데 전세계를 강타한 코로나19가 우리나라에도 상륙하고 환자가 급속도로 늘어나기 시작했다. 방문진은 결국 사장 후보들의 최종 PT 이틀 전에 시민평가단 제도를 취소하고 예전 방식으로 사장을 선출하기로 결정했다. 시민들 앞에서 하기로 한 PT는 이사들 앞에서 하는 것으로 변경됐다.

드디어 2월 22일 D데이. 나는 수없이 연습한 대로 이사들 앞에서 나의 성과, 능력, 비전을 펼쳐나갔다. 국장실을 없애고 보도국 한복판에서 일하며 평기자들과의 소통을 시도한 것, 처음 국장에 임명됐을 때 3퍼센트대에 불과했던 메인뉴스 시청률을 1년 6개월 만에 7퍼센트대, 동시간대 1위로 만든 성과를 자신 있게 설명했다. 무엇보다 기자들의 패배주의를 일소하고 그들에게 자신감을 불어넣은 것처럼, MBC 사원들에게도 '1등 방송사'의 자신감을 불어넣겠다, 그래서 '만나면 좋은 친구'의 위치를 반드시 되찾겠다고 강조했다.

그날 오후, 나는 MBC의 35대 사장으로 선출됐다. 후배들의 권유를 계기로 사장 도전의 결심을 굳히고 결국 사장이 될 때까지 걸린 시간은 두달 정도였다. 그동안 난 어떤 외부 인사와도 상의하지 않았고, 정치인들에게 연락하지도, 그들과 만나지도 않았으며, 사내 선후배들에게 도움을 요청하지도 않았다. 최선을 다해 사장 후보로서의 능력을 방문진 이사들에게 어필했고, 이사들은 자율적인 토론과 의사결정 과정을 통해 나를 선택했다. 전임 최승호 사장이 선출될 때도 마찬가지였다. 이것이 이명박, 박근혜 정권 때의 낙하산 사장들과 문재인 정권 때의 MBC 사장 최승호, 박성제의 정체성이 본질적으로 다른 이유다.

웅크린 히어로 MBC: 자신감을 되찾아야 한다

가장 먼저 해야 할 일은 함께 일할 경영진을 구성하는 것이다. 사장으로 선출된 날 밤, 계열사인 MBC플러스의 정호식 사장에게 전화를 걸어 본사 부사장을 맡아달라고 요청했다. 나보다 6년이나 먼저 입사한 교양PD였지만 출중한 능력과 원만한 인품으로 신망이 높은 선배였다. 정호식 선배는 더 젊은 부사장이 낫지 않겠냐면서 한사코 사양했지만 나는 고집을 꺾지 않았다. 내게 부족한 경륜과 큰 형님 같은 성품의 소유자인 정 선배를 반드시 부사장으로 모셔오고 싶었다. 결국 그는 고집을 꺾고 부사장직을 수락했다.

등기임원 중에서 가장 중요한 자리는 드라마본부장이었다. OTT와 케이블 채널에 밀려 몰락해버린 '드라마 왕국 MBC'의 경쟁력을 되찾는 것이 무엇보다 중요하기 때문이다. 정호식 부사장과의 상의 끝에 정 부사장의 입사 동기인 최창욱 PD를 드라마본부장으로 모셔오기로 했다. 뉴스를 책임지는 보도본부장에는 나와 함께 뉴스 개혁을 이끌어온 민병우 부국장, 사장과 한몸이 되어 개혁을 주도할 기획조정본부장에는 강지웅 PD, 디지털 콘텐츠와 OTT 전략을 담당하는 미디어전략본부장에는 도인태 부국장을 승진시켰다.

정신없이 변하는 콘텐츠 시장에 적극 대응하고 새로운 사업을 시도하는 조직도 필요하다는 판단이 들었다. 그리고 그 조직은 사장에게 바로바로 보고하고 결정되면 즉각 움직이는 팀으로 운영하고 싶었다. 그래서 '미래정책실'이라는 조직을 만들어 사장 직속으로 두었다. 미래정책실장에는 「뉴스데스크」 편집팀장으로 고생하면서 와이드 뉴스를 성공시킨 1등 공신, 이언주 기자를 기용했다. 이언주 실장은 능력 있는 여성 리더이기도 했지만, 무엇보다 유연하고 실용적인 사고의 소유자였기 때문에 변화에 적응하는 조직을 이끌며 사장을 보좌하기에 최적의 인물이었다.

이제 취임사를 발표할 차례였다. 보도국장에서 임원도 거치지 않고 바로 사장으로 직행한 CEO가 어떤 메시지를 내놓을 것인지, 많은 사원들이 주목하고 있었다. 나는 평소 공영방송 사장은 결국 저널리즘으로 평가받는다고 생각해왔다. 시청자들은 MBC가 뉴스와 시사 프로그램을 제대로 만들기를 바란다. 아무리 예능과 드라마가 재미있어도 언론사로서의 신뢰를 잃으면 버림받는다. 내가 사장이 된 것도 뉴스를 살린 것을 인정받아서가 아니었던가.

반면 사원들이 사장에게 바라는 것은 달랐다. 사원들은 사장이 이제 뉴스 말고 예능이나 드라마도 살려내서 적자를 줄이고 유튜브 같은 뉴미디어 콘텐츠도 잘 만들도록 해서 '1등 방송사' MBC의 이미지를 회복시켜주기를 바라는 분위기였다. 기자 출신인 새 사장이 과연 그런 능력이 있을까 하는 의구심 가득한 눈초리로 바라보고 있었다. 나는 '신뢰도와 경쟁력' 두마리 토끼를 모두 잡아야 하는, 가시밭길 레이스의 출발대에 서 있는 셈이었다.

큰 걱정은 하지 않았다. MBC는 대한민국 최고의 경쟁력을 가진 조직이다. 단지 과거 무능한 낙하산 사장들이 망쳐놓은 조직의 힘을 어떻게 되살릴 것인지가 문제일 뿐. 그 힘을 이끌어내는 것이 내 역할이었다. 취임사에서 가장 강조했던 것도 바로 그 부분이었다.

MBC는 강한 조직입니다. 그러나 격렬한 전투 끝에 상처입고 웅크린 히어로처럼 좀처럼 무서운 잠재력을 폭발시키지 못하고 있습니다. 이제 숨겨진 힘을 보여줄 때가 됐습니다.

우리는 '빠르고 유연한 조직'으로 다시 태어나야 합니다. MBC는 막대한 설비투자가 들어가는 굴뚝산업이 아니라 문화상품을 만드는 콘텐츠 기업입니다. 큰돈 안 들여도 조직의 힘만으로 금세 좋은 콘텐츠를 만들 수 있습니다. 빠름과 유연함이란 결국 하나의 개념, 바로 변화에 적응하는 힘입니다. 새로운 것을 바로바로 쫓아가고 끊임없이 실험합시다. 실험하다가 아니다 싶으면 바로 접고 다른 길을 찾아야 합니다. 아닌 걸 오래 붙들고 있는 게 낡은 방식입니다. 오로지 중요한 기준은 우리 제품의 소비자, 시청자들이 원하는 콘텐츠를 만들어내는 것입니다.

　빠름과 유연함, 젊은 에너지로 우리 안에 웅크린 창의성을 끌어냅시다. 할 수 있습니다. 고정관념의 벽을 부수면 도약의 계단이 나타날 것입니다. 저는 제일 앞에서 해머를 들겠습니다.

'빠름과 유연함'은 사장 임기 3년 동안 흔들림 없이 유지되어온 슬로건이었다. 우리가 치열한 내부 갈등으로 상처입고 뒤처지는 동안 변화해버린 미디어 세상, 그것을 다시 따라잡으려면 먼저 유연해져야 한다. 변화에 대응하려면 스스로 변화에 익숙해져야 한다. 시행착오를 두려워 할 필요는 없다. 이 길이 아니라고 판단되면 빨리 전략을 바꾸면 된다. 말처럼 쉬운 일은 아니었다. 그러나 나는 MBC의 힘을 믿었다. 그리고 그 믿음은 성과가 되어 돌아왔다.

3년 연속 흑자: 신출내기 CEO의 성적표

　사장 재임 기간의 경영 성과를 자세히 늘어놓는 것은 이 책의 기획 의도와 맞지 않는다. 그래도 내가 '경쟁력과 신뢰도'라는 두 마리 토끼를 모두 잡은 CEO였다는 사실은 간략하게나마 설명하고 싶다.

　놀랍게도 사장 임기 첫해였던 2020년부터 MBC의 경영수지는 바로 흑자로 돌아섰다. 어떻게 그리 빨리 흑자 전환을 할 수 있었냐고 비결을 묻는 이들이 많다. 그때마다 나는 이렇게 대답한다.

"최승호 전 사장 때 경영진이 콘텐츠 경쟁력을 위해 씨앗을 많이 뿌려놓았거든요. 그 덕분에 저희가 수확을 잘 했습니다."

괜히 하는 말이 아니다. 방송사의 전체적인 프로그램 경쟁력이 살아나려면 몇년이 걸린다. 눈앞의 적자만 보고 콘텐츠 투자를 게을리하는 방송사는 반드시 2, 3년 뒤에 더 큰 어려움을 겪게 된다. 실제로 최승호 사장과 경영진은 대규모 적자에도 불구하고 여러 분야에 인력과 제작비 투자를 아끼지 않았고, 그러한 노력은 내 임기 첫해부터 고스란히 결실로 돌아왔다.

예를 들어 주말 예능 「놀면 뭐하니?」를 보자. 최승호 사장은 취임 직후 「무한도전」을 폐지하고 김태호 PD를 1년간 해외연수를 보내는 어려운 결단을 내렸다. 20년 가까이 쉬지 못하고 「무한도전」을 연출하느라 번아웃 상태가 된 김태호 PD의 요청에 따른 것이었다. 김 PD는 복직한 후 「놀면 뭐하니?」를 선보였는데 처음에는 시청자들의 관심을 별로 받지 못했다. 그러다 2020년 여름부터 이른바 '싹쓰리' '환불원정대' 등의 시리즈가 대인기를 끌면서 광고가 폭증하기 시작했다. 이러한 추세는 전체 예능 프로그램의 활기를 살려내는 원동력이 되었다.

또 넷플릭스와 티빙이 주도하는 OTT 시장에서 주도권을 잃지 않기 위해, 지상파 방송사 연합 OTT인 '웨이브'를 탄생시킨 것도 전임 경영진의 성과 중 하나였다. 또 이들은 유튜브에 대한 투자도 대폭 확대했는데 'D-크리에이티브 센터'를 신설해 다양한 유튜브 콘텐츠를 자유롭게 만들도록 한 것이 그 예다. 덕분에 수십 개의 MBC 유튜브 채널들이 다른 방송사들에 비해 뒤늦게 시작했음에도 불구하고 최고의 경쟁력을 갖게 됐다.

코로나19의 영향도 무시할 수 없다. 2020년 상반기만 해도 코로나 팬데믹이 몰고 온 글로벌 불황의 쓰나미 탓에 방송사들은 직격탄을 맞은 상황이었다. 사장이 된 직후 점검해본 광고 매출은 그야말로 앞이 보이지 않았다. 당시 임원회의에서 강지웅 기조본부장은 '광고 급감으로 올해 적자가 1천억이 넘을 수도 있다'고 충격적인 보고를 했다. 그러나 하반기부터 반전이 시작됐다. 외출 자제분위기와 재택근무 덕분에 극장은 큰 위기에 처했지만 반대로 TV 시청 시간이 늘어난 것이다. 특히 다른 방송사보다 상대적으로 MBC가 예능 프로그램 시청률이 상승하면서 가장 큰 수혜를 받았고, 이러한 추세는 고스란히 광고 매출의 상승 기조로 이어졌다.

욕심이 생겼다. 1천억에 육박할 거라는 적자 폭은 하반기 들어 5백억 이하로 줄어든 상황이었다. 더 줄일 수 있지 않을까? 아니 아예 흑자를 낼 수는 없을까? 임원회의에서 화두를 던져봤다.

"하반기에 조금 더 열심히 뛰면 올해부터 흑자 전환을 할 수 있지도 않을까요? 한번 해봅시다."

모두 어려운 목표라고 했다. 그러나 나는 부정적으로만 생각하지 말고 모든 임원들이 광고주와 자주 만나 MBC 콘텐츠의 경쟁력을 계속 어필해달라고 당부했다. 나부터 광고 영업을 더 열심히 하겠다고 선언했다. 광고주와의 만남을 두배로 늘리라고 비서팀에 지시했다.

공영방송 사장이 직접 광고주를 만나는 것은 예전 같으면 상상도 못하던 일이다. 그러나 가만히 있어도 광고가 몰려들던 지상파 독점 시대는 끝난 지 오래다. 마케팅팀에만 광고 영업을 맡겨놓기에는 콘텐츠 업계의 경쟁이 너무 치열해졌다. 대한민국 대통령도 '1호 영업사원'을 자처하는 세상 아닌가.

특히 매년 1백억 이상 광고비를 집행하는 하는 대기업들보다 몇억, 몇십억을 집행하는 중소 광고주들에 나는 각별히 신경을 썼다. 대기업은 매년 정해놓은 광고 예산을 언론사들에 골고루 나누어 집행하는 것이 오랜 관행이다. 사장이 특별히 광고주들을 만난다고 해서 갑자기 광고가 늘어나기 힘들다. 반면 중소 광고주들은 오너나 CEO의 결정으로 특정 방송사에 광고를 몰아주는 일이 가능하다. 치킨, 피자, 화장품, 안마의자, 심지어 게임 회사에 이르기까지, 나는 사흘이 멀다 하고 광고주들을 만났고 그들과 소통하려고 노력했다. 만남을 거듭할수록 내가 배우는 것도 많았다. 한 기업이 작은 회사로 출발해 방송 광고를 할 만큼 성장하려면 창업자의 독창적인 경영철학과 피땀 어린 노력이 있어야 가능한 법이다. 그들에게 생생한 성공담과 시행착오의 사례들을 듣는 것은 신출내기 경영자였던 나로서는 피가 되고 살이 되는 경영학 수업이었다.

문제는 드라마였다. MBC뿐 아니라 많은 방송사들이 급증하는 드라마 제작비 때문에 속이 썩고 있었다. 예능 프로그램은 제작비를 많이 써봤자 편당 1억원 안팎이면 되지만, 드라마 제작비는 편당 10억원이 넘어가는 작품이 흔해질 정도로 거품이 커졌다. K-드라마가 OTT를 통해 글로벌 인기를 누리게 되면서 1급 배우들의 출연료가 편당 수억원으로 급등한 것이 가장 큰 원인이다. 나는 사장이 된 직후 드라마 제작비를 분석해봤다. 2019년 MBC 적자의 70퍼센트 이상이 드라마에서 발생했다는 결론이 나왔다. 한마디로 드라마는 많이 만들면 손해를 보는 애물단지가 됐다는 얘기였다.

'드라마 왕국 MBC'로 불리던 시절처럼 수십 퍼센트 시청률에 광고가 무조건 완판되는 대박 드라마를 계속 만들어낼 수만 있다면 걱정이 없을 것이다. 그러나 지금은 지상파의 드라마 독점이 끝난 지 오래다. 수십개의 제작사들이 매년 2백여편의 드라마를 쏟아내고 있다. 아무리 인기 있는 드라마도 광고만으로는 절대 본전을 찾지 못하는 구조였다.

드라마를 어찌할꼬. 드라마의 수요와 공급을 어떻게 통제하고 제작 시스템을 어떻게 혁신할 것인가가 우리 경영진의 최대 숙제였다. 토론은 치열했지만 결론은 오래 걸리지 않았다. 선택과 집중이었다. 이제 지상파 TV에서 일주일 내내 드라마를 방송하는 시대는 끝났다. 과거처럼 일년에 10편 이상 미니시리즈를 만들다보면 회사는 망한다. 제작 편수를 절반으로 줄이고 잘될 것 같은 드라마만 만들어야 한다. 광고로는 제작비 회수가 불가능하니 반드시 글로벌 OTT에 팔릴 수 있는 작품을 만들어야 한다. 이것이 결론이었고 우리 경영진은 과감하게 드라마 구조조정을 실천해나갔다. 주말에 방영되는 드라마에 집중하고 평일 미니시리즈는 대폭 축소했다. 전격적인 결정에 차기 작품을 준비하던 드라마PD들의 불만이 컸지만 어쩔 수 없었다. 대신 드라마가 방영되던 평일 밤에, 「PD수첩」「스트레이트」「백분토론」 등 공영성 높은 시사 프로그램들을 앞당겨 편성하도록 했다. 새로운 아이디어가 담긴 예능 콘텐츠들도 적극 배치했다.

결국 우리 경영진은 임기 첫해에 바로 흑자 전환이라는 기적을 만들어냈다. 전임 경영진이 꾸준히 키워놓은 경쟁력, 코로나19로 인한 TV 시청 시간 증가, 예능의 폭발적인 성장과 디지털 콘텐츠의 선전, 과감한 선택과 집중, 광고영업팀의 발로 뛰는 노력 등을 바탕으로 MBC 구성원 모두가 힘을 합쳐 일궈낸 성과였다. 무엇보다 기뻤던 것은 사원들의 자신감이 살아났다는 점이었다. 회사가 만성 적자에서 벗어나 흑자로 돌아섰다는 사실이 사원들에게 안겨주는 자부심은 예상외로 컸다. 나는 매주 한두번씩 각 부서의 젊은 사원들과 점심식사를 같이하며 격의 없는 대화를 나누곤 했는데, 날이 갈수록 사원들의 표정이 밝아지는 분위기를 체감할 수 있었다. 그때마다 사원들과 맥주잔을 기울이며 '내년에는 더 많이 흑자를 내서 꼭 보너스를 주겠다'고 약속하곤 했다.

한번 시작된 MBC의 경쟁력 상승 추세는 2021년에 더욱 가파르게 불이 붙었다. 「나 혼자 산다」「놀면 뭐하니?」「라디오스타」 등 기존 예능들이 계속 사랑을 받았고, 새로 시작한 「안 싸우면 다행이야」「심야괴담회」 등도 자리를 잡아갔다. 드라마도 오랜 부진에서 벗어나 기지개를 켜기 시작했다. 여름에 인기를 끌었던 「검은 태양」을 필두로 가을에는 정통 사극 「옷소매 붉은 끝동」이 시청률과 작품성 두마리 토끼를 잡은 국민 드라마로 등극했다. 유튜브 콘텐츠의 성장세도 계속돼 매출 5백억원을 돌파했고, 특히 MBC 뉴스 채널은 월간 조회수 4억대를 돌파하며 국내 유튜브 뉴스는 물론 모든 장르의 채널 가운데 1위를 차지했다. 꾸준히 상승을 거듭해온 뉴스 신뢰도 덕분이었다.

7월부터 시행된 지상파 중간광고 제도도 힘을 보탰다. 중간광고는 지상파 TV의 오랜 숙원이었다. 종편과 케이블 채널들에서는 진작부터 시행되고 있었지만 오직 지상파만 금지돼온, 기울어진 운동장의 상징이었다. 그동안 종편의 프로그램들이 지상파보다 인기가 낮아도 광고를 유치할 수 있었던 것은 바로 중간광고 덕분이라고 해도 과언이 아니다. 뒤늦은 감이 있지만 비로소 지상파 콘텐츠의 광고 효과가 제대로 된 대접을 받게 된 것이다.

임기 2년차인 2021년, 나는 흑자 1천억원 돌파라는 경영 성적표를 받아들었다. 노동조합과 논의해서 영업이익의 20퍼센트를 사원들에게 성과급으로 지급했다. 대주주인 방문진에도 120억원을 공적 자금으로 출연했다. 열심히 일한 사원들에게 보너스를 주겠다는 약속을 지키고 공영방송으로서의 역할도 다할 수 있어서 기쁜 한해였다. 추세는 꺾이지 않았다. 임기 마지막 해인 2022년에도 회사는 8백억원대의 흑자를 기록했다. 특히 11월부터 한달 동안 계속된 카타르 월드컵은 MBC 스포츠의 경쟁력을 확실하게 입증했고, 광고 매출에도 큰 힘을 보탰다. MBC는 20퍼센트의 시청률과 1천만명의 시청자라는 기록을 달성하면서 지상파 3사의 중계방송 전쟁에서 압도적인 승자가 됐다. 그렇게 나는 임기 3년 내내 흑자 경영을 달성한 CEO가 됐고, '뉴스를 살린 보도국장'에서 '회사를 살린 사장'으로 불리게 됐다.

돈 버는 것보다 시청자 신뢰가 더 중요하다

보통의 기업이라면 경영을 잘해서 이익을 많이 내고, 주주에게 배당도 많이 하고, 직원들에게 성과급까지 넉넉히 준 사장이 욕먹을 일은 없을 것이다. 그러나 공영방송은 좀 다르다. MBC, KBS는 아무리 돈을 잘 벌어도 '공적인 역할'을 제대로 하지 못하면 비난을 받는다. 그 비난은 대부분 사장에게 돌아오게 돼 있다. 공영방송은 오히려 이익을 많이 낸다는 이유만으로 욕을 먹는 경우도 있다. '공영방송으로서 칭찬받는 MBC'가 되는 것이 흑자를 내는 것보다 더 중요하다. 그러려면 보도를 잘해서 언론사로서의 신뢰도를 높여야 하지만, 그것 말고도 넘어야 할 산들이 여럿 있었다. 모두 사장이 힘든 결단을 내리고 밀어붙여야 하는 사안들이었다. 그때마다 '눈앞의 이익'보다 '공영방송의 역할'을 판단의 기준으로 삼으려고 노력했다.

사장 취임 직후인 2020년 3월 5일, 서울행정법원이 MBC의 계약직 아나운서들을 '정규직으로 전환시켜야 한다'는 취지의 판결을 내렸다. MBC는 이른바 적폐 시절인 2016~17년에 정규직 대신 계약직 아나운서들만 뽑아서 뉴스 진행을 맡겼는데, 정상화 이후 이들의 계약이 2018년에 만료된 뒤 계약 갱신을 하지 않았다. 적폐 시절 뉴스 스튜디오에서 쫓겨났던 정규직 아나운서들의 정서와 사내 분위기를 고려한 결정이었다. 그러나 노동위원회와 법원은 이들의 '계약 갱신' 권리를 인정해주었다. 대상자는 8명이었다. MBC가 항소를 할 것인가 아니면 1심을 받아들여 이들을 정규직으로 채용할 것인가 판단해야 할 순간이었다.

사장이 책임지고 결단해야 하는 문제였다. 나는 정규직 아나운서들이 서운해하더라도 MBC가 이들을 품어야 한다고 결론을 내려놓은 상태였다. 박경추 아나운서국장을 불렀다.

"박 국장, 계약직 아나운서들을 정규직으로 받아줄까 해요. 항소해도 같은 판결이 나올 확률이 높은데, 이번 기회에 그 친구들을 후배로 따뜻하게 맞아줄 수는 없을까?"

박경추 국장은 내가 무슨 말을 할지 이미 알고 있었던 것 같았다. 예상외로 시원한 답변이 돌아왔다.

"알겠습니다. 이제 화합하면서 회사를 살려야죠. 제가 후배들을 잘 다독이겠습니다."

고마운 마음뿐이었다. 일주일 뒤, MBC는 항소를 포기하고 계약직 아나운서 8명을 모두 정규직으로 채용했다. 박경추 국장의 약속대로 아나운서국은 그들을 따뜻하게 맞아줬고 지금 그들은 대부분 제 몫을 해내면서 선후배들과 잘 지내고 있다. 올 2월, 내가 사장 임기를 마치고 물러났을 때 그중 한명이 장문의 메시지를 보내왔다.

사장님, 감사합니다. 얼마 전까지는 당연히 연임하시리라는 생각에 오히려 진솔한 마음을 전할 수 없었어요. 자기 출세를 위해 윗사람에게 듣기 좋은 말을 하는 사람으로 비칠까봐요. 이제는 그런 걱정 없이 그동안의 마음을 전할 수 있을 것 같아 용기 내 연락을 드려요.

복귀 후 3년이 흐른 지금도 거의 매일 엄마는 사장님 이야기를 하세요. 그래도 사장님이셨기 때문에 싸움이 더 지난해지지 않고 지금의 제가 있는 것이라고요. 제 마음도 그렇습니다. 당시 내부에서 어떤 목소리가 있었는지 잘 알고 있습니다. 저희를 외면했다고 해도 사장님의 리더십에 그렇게 큰 흠결이 나지 않을 수도 있었다고 생각합니다. 사장님께서 어떤 마음으로 저희를 안아주셨든, 당시 상황에서 당연하지도 쉽지도 않았던 결정이셨을 겁니다.

그래서 늦었지만 정말로 감사드립니다. 앞으로 제가 어떤 인생을 그려가든, 사장님의 결단이 밑그림이 된 그림이에요. 멋진 모습이 될 수 있도록 노력해나가겠습니다.

나도 답장을 보냈다.

○○씨 고마워요. 당시 내 결정은 해직의 아픔을 겪은 언론인

으로서 당연한 것이었지만, 사내 정서를 살피고 명분을 얻기 위해 시간이 약간 걸렸을 뿐입니다. 저는 처음 사장 될 때부터 마음속 결정을 내린 상태였어요.

이제 회사를 떠났지만 후배들이 더 화합하고 힘을 합쳐 MBC를 지키고 멋진 콘텐츠 그룹으로 키워나가길 바라겠습니다.

사장이 된 지 한달쯤 지났을까. 세월호 유가족 방송 416TV를 운영하는 지성 아빠 문종택 씨가 연락을 해왔다. 세월호 6주기를 맞아 MBC 사장이 된 나를 인터뷰하고 싶다는 요청이었다. 그럴 만한 사연이 있었다.

2017년 9월, MBC 정상화를 위해 파업을 벌이던 노조 집행부와 해직 언론인들이 안산의 유가족들을 찾아간 적이 있다. 세월호 참사 당시 절망에 빠진 유가족들의 가슴을 후벼팠던 MBC의 황당한 보도에 대해서 사죄하기 위해서였다. 그날 세월호 부모님들 앞에서 참 많이 울었던 기억이 난다. 당시 416TV 지성 아빠와 인터뷰를 하면서 '복직하면 세월호 관련 보도 제대로 하겠다'고 약속을 드렸다. 몇달 뒤 MBC는 정상화됐고, 나는 보도국장을 거쳐 사장이 됐다. 약속을 지켜야 하는 자리에 앉은 것이다.

3년 만에 만난 지성 아빠를 사장실로 모셨다. 지성 아빠는 거리에서 만났던 해직 언론인이 사장이 됐으니 반가운 마음에 연락했는데, 혹시 높은 자리에 앉았다고 안 만나줄까 걱정한 듯했다. 나는 최대한 진솔하게 인터뷰에 임했다. 끝날 무렵 지성 아빠가 물었다.

"혹시 MBC가 이번에 세월호 6주기 특집 프로그램으로 준비한
건 없습니까?"

순간 아뿔싸 했다. 업무에 바빠 미처 신경쓰지 못했다고 솔직히
말하면서도 부끄러웠다. 지성 아빠는 '그럼 세월호 기억식을 생중
계하면 어떠냐'고 제안했다. 매년 참사 당일이 오면 안산에서 세
월호 기억식이 열렸는데 지상파 TV가 그동안 관심을 보이지 않았
다는 얘기였다. 아카데미 후보에도 올랐던 다큐멘터리 「부재의 기
억」의 배급권을 유가족들이 가지고 있다면서, 내친김에 그것도 방
송하면 어떻겠냐고 했다.

내게는 지성 아빠의 제안이 오히려 고마웠다. 2020년 4월 16일
MBC의 세월호 기억식 생중계와 「부재의 기억」 방송은 그렇게 성
사됐다. 세월호 부모님께 죄를 지은 언론사의 해직 기자가 3년
전 맺었던 약속을 뒤늦게 이행한 셈이다.

그날 나는 기억식에 살짝 가봤다. 정치인들이 주로 앞자리에 앉
아 있었다. 뒤쪽에서 조용히 서 있었는데 열심히 촬영을 하던 지
성 아빠가 나를 알아보고 달려왔다. 그는 내 손을 꼭 잡으면서 눈
물을 흘렸다.

"MBC, 고맙습니다."

나도 눈물을 닦았다. 그냥 죄송할 따름이었다. 그날 이후 MBC

는 매년 세월호 기억식을 생중계한다.

올림픽 개막식의 치욕, 월드컵의 영광

방송사의 신뢰도는 쌓아올리기도 힘들지만 한순간에 무너질 수도 있다. 어떤 방송사든 신뢰의 위기를 맞을 수 있다. 위기의 순간, 리더가 어떤 결정을 내리는가에 따라 수습이 될 수도 있고, 돌이킬 수 없는 파국을 맞을 수도 있다. 올림픽 개막식 방송사고가 바로 그런 시험대였다.

2021년 7월 23일, MBC의 도쿄 올림픽 개막식 중계방송은 '방송사고'로 불려도 지나치지 않을 만큼 어이없는 진행으로 국민적 분노와 비난의 대상이 됐다. 올림픽 참가국을 소개하면서 부적절하거나 논란이 될 만한 사진과 자막을 거듭해서 삽입한 것이 문제가 됐다. 예를 들어 우크라이나를 소개하면서 체르노빌 원전 사진을 쓰고, 아이티를 소개할 때는 폭동으로 인한 화재 사진과 함께 '대통령 암살로 정국은 안갯속'이라는 자막을 넣는 식이었다. 이외에도 루마니아에 드라큘라 사진을 넣는다든지, 엘살바도르에 비트코인 화면을 넣는 등 도저히 이해할 수 없는 진행이 계속됐다. 인터넷과 SNS는 한마디로 난리가 났고 포털사이트는 '정신 나간 MBC' 기사가 몇시간 만에 수백건씩 도배가 될 지경이었다.

그날은 금요일 밤이었다. 집에서 개막식을 시청하던 나는 대경실색할 수밖에 없었다. 스포츠PD들이 올림픽 개막식 방송을 한두번 해본 것도 아닌데 어떻게 저런 '사고' 수준의 잘못을 저지를 수 있는지 도저히 이해가 되지 않았다. 중계하던 아나운서에게 급히 사과 멘트를 하라고 지시했다. 그리고 이튿날인 토요일 아침, 회사 명의로 해당 국가와 시청자에 대한 사과 보도자료를 내도록 했다. 월요일 출근해서 어찌 사태를 마무리해야 할지 머리가 지끈지끈 했다.

그런데 일요일 밤, 대한민국과 루마니아의 축구 경기 중계 중에 또 한번의 사고가 터졌다. 전반전에 루마니아 선수 마린의 자책골이 있었는데 전·후반전 사이 광고가 나가는 도중 화면 상단에 '고마워요 마린'이라는 자막이 표출된 것이다. 계열사인 'MBC 스포츠' 채널의 PD가 본사로 파견돼 축구 경기를 진행하다가 케이블 방송에서 종종 유행하던 '밈'을 별생각 없이 자막으로 넣은 것이었다. 그러나 화합과 우정이라는 올림픽의 정신을 망각한 행위임은 분명했다. 시청자들의 비난이 다시 폭등했고 나 역시 화가 머리끝까지 차올랐다. 개막식 사고에 대한 사과가 무색해졌을 뿐 아니라 오히려 상황이 악화되고 있었다.

그날 밤, 사장이 된 지 처음으로 한숨도 자지 못하고 밤을 새우며 사태를 어떻게 수습할까 고민했다. MBC가 이미 사과 보도자료를 낸 상태에서 더 적절하고 강력한 대응책을 찾아내지 못하면 그동안 쌓아올린 신뢰가 한순간에 무너질 것이라고 생각했다. 결론은 대국민 사과였다. 나는 MBC의 대표이자 이번 사태의 최종 책임자다. 내가 직접 해당 국가에 사과해야 시청자들도 납득시키고 사내 후속조치도 취할 수 있다. 사장은 뒤로 숨고 후배들만 징계하는 식으로 수습하려 하면 오히려 더 위기가 올 수 있다.

함께 잠 못 이루며 걱정하던 아내에게 내 결심을 말했다. 카카오 정책 담당, 청와대 국민소통센터장의 경력을 가진 아내는 미디어를 통한 위기관리의 중요성을 잘 알고 있었고, 관련된 경험도 나보다 풍부했다. 아내는 '2015년 메르스 사태 때 삼성 이재용 부회장이 발표한 사과문을 읽어보라'고 조언했다. 삼성병원이 메르스 대응에 실패하면서 확산의 근원지로 지목받게 됐을 때, 삼성그룹의 최고 책임자인 이 부회장이 직접 대국민 사과를 한 것이 놀라웠다는 얘기였다. 변명 없이 잘못을 확실하게 인정하고 반성하면서, 수습책과 지원책까지 깔끔하게 제시해서 여론의 공감을 얻은 '사과문의 정석'이라는 평가였다.

다음 날 아침 출근하자마자 사장이 대국민 사과를 한다고 발표하도록 했다. 오전 내내 미래정책실 및 비서팀과 함께 머리를 맞대고 사과문을 작성했다. 우리가 무엇을 잘못했는지 명확하게 밝히며, 변명하는 표현을 하지 않고, '사과' 대신 '사죄'라는 표현을 쓰며, 사후 대책의 의지와 방법을 확실하게 포함하도록 했다. 오후 3시, 나는 수십명의 기자들 앞에서 머리를 숙이고 사과문을 발표했다.

〔머리 숙여 사죄드립니다〕

저희 MBC는 전세계적인 코로나 재난 상황에서 지구인의 우정과 연대, 화합이라는 올림픽 정신을 훼손하는 방송을 했습니다.

지난 23일 밤, 올림픽 개회식 중계 도중 각국을 소개하는 과정에서 일부 국가와 관련해 대단히 부적절한 화면과 자막이 방송됐습니다. 또, 25일에는 축구 중계를 하면서 상대국 선수를 존중하지 않은 경솔한 자막이 전파를 탔습니다. 신중하지 못한 방송, 참가국에 대한 배려가 결여된 방송에 대해 마음에 상처를 입은 해당 국가 국민들과 실망하신 시청자 여러분께 MBC 콘텐츠의 최고 책임자로서 머리 숙여 사죄드립니다.

지난 주말은, 제가 MBC 사장에 취임한 이후 가장 고통스럽고 참담한 시간이었습니다. 급하게 1차 경위를 파악해보니 특정 몇몇 제작진을 징계하는 것에서 그칠 수 없는, 기본적인 규범 인식과 콘텐츠 검수 시스템의 문제가 있는 것으로 판단됩니다. 철저하게 원인을 파악하고, 책임도 반드시 묻겠습니다. 대대적인 쇄신 작업에도 나서겠습니다. 방송강령과 사규, 내부 심의규정을 한층 강화하고, 윤리위원회, 콘텐츠 적정성 심사 시스템을 만들어 사고 재발을 막기 위한 모든 노력을 기울이겠습니다. 특히, 스포츠뿐 아니라 모든 콘텐츠를 제작할 때 인류 보편적 가치와 문화적 다양성을 존중하고, 인권과 성평등 인식을 중요시하는 제작 규범이 체화될 수 있도록 전사적인 의식 개선에 최선을 다하겠습니다.

그동안 저희는 콘텐츠 경쟁력 강화, 적자 해소를 위해 애써왔지만, 국민의 신뢰를 잃으면 모든 것이 물거품이라는 걸 잘 알고 있습니다. 뼈를 깎는 노력으로 공영방송의 공적 책무를 다하고, 시청자들의 신뢰를 반드시 회복하겠습니다.

다시 한번 머리 숙여 사과드립니다.

2021. 7. 26. 문화방송 대표이사 사장 박성제●

주한 우크라이나 대사관 등 우리가 결례를 저지른 나라의 대사관들에는 일일이 사과 서한을 보내도록 했다. 그날 저녁 「뉴스데스크」는 사장의 대국민 사과를 톱뉴스로 보도했다. 언론들은 '고개 숙인 MBC 사장' 등의 제목으로 앞다투어 기사를 썼고, 다행히 여론은 더이상 악화되지 않았다.

사고 재발을 막기 위해 대대적인 쇄신에 나서겠다는 말은 진심이었다. 먼저 외부 인사로 구성된 '진상조사위원회'를 만들어 MBC 시청자위원장인 서울대 신혜경 교수에게 지휘를 부탁드렸다. 진상조사 결과는 창피할 따름이었다. 스포츠PD들이 개막식 준비 회의를 하면서 국가 소개 사진과 자막에 '시사적인 내용'을 넣기로 하고, 막판에는 시간에 쫓겨 그 결과물을 제대로 감수하지 못한 것이 사고의 원인이었다. 민병우 보도본부장이 책임을 지고 사임했고, 송민근 스포츠국장이 징계를 받고 경질됐으며, 관련 직원들도 줄줄이 징계를 받았다.

그 정도로 그칠 수는 없었다. 좀더 근본적인 대책 수립과 재발 방지를 위해 나는 'MBC 공공성 강화위원회'를 만들었다. 위원장으로 숙명여대 강형철 교수를 모셔 공영방송의 규범과 프로그램 제작의 원칙을 밑바닥부터 점검해달라고 부탁드렸다. 강 교수는 방송학회장을 지낸 국내 공영방송 연구의 권위자인 데다 YTN에서 기자 생활도 한 분이다. 이론과 현실을 모두 고려한 합리적인

● 「(사과문) 머리 숙여 사죄드립니다」, MBC 보도자료, 2021년 7월 26일.

해결책을 만들어주실 것이라는 믿음이 있었고, 그 믿음은 몇달 뒤 종합적인 보고서와 매뉴얼이 되어 돌아왔다.

2022년에는 2월 베이징 겨울올림픽과 11월 카타르 월드컵이라는 중요 스포츠 이벤트가 연이어 예정돼 있었다. MBC가 비슷한 실수를 다시 저지를 수는 없었다. 홍역을 치른 스포츠국은 절치부심의 각오로 겨울올림픽을 준비했다. 중계화면의 컴퓨터 그래픽과 자막, 중계진 멘트까지 모든 콘텐츠를 감수하는 '다양성 데스크'를 사전에 지정해 배치했고, 진행요원들과 해설위원들에 대한 교육도 대폭 강화했다. 방송 준비 점검을 위한 마지막 워크숍에는 내가 직접 참석해 젊은 사원들과 소주잔을 기울이며 격려했다.

결과는 만족스러웠다. MBC의 베이징 겨울올림픽 개막식 중계 방송은 흠잡을 데가 없었다. 나는 차분하지만 품격 있는, 결코 재미를 위해 무리하지 않는 절제된 방송을 보며 '우리가 풍파를 겪으면서 또 한번 나아졌다'고 자평했다.

이제는 월드컵이었다. 11월 카타르 월드컵이야말로 MBC 스포츠가 완벽하게 다시 일어설 수 있는 기회가 될 것이라고 진작부터 예상하고 있었다. 올림픽 못지않게 온 국민의 관심이 집중되는 월드컵은 지상파 3사의 경쟁이 가장 치열하게 벌어지는 전쟁터이기도 하다. 나는 전사적 역량을 동원해서 시청자들에게 MBC 스포츠의 부활을 증명하고 싶었다. 그러기 위해서는 몇달씩 밤을 새워가며 방송을 준비하는 직원들의 사기가 무엇보다 중요했다. 도쿄 올림픽 건으로 징계를 받고 경질돼 백의종군하던 송민근 국장을 다시 스포츠국장에 임명했다. 송 국장과 스포츠국 후배들이 월드컵을 통해 명예를 회복할 기회를 주고 싶었다. 예능과 교양 쪽에도 월드컵 관련 특집 프로그램에 각별히 신경써달라고 당부했다. 모든 준비를 마치고 중계방송을 위해 카타르로 출국하는 MBC 중계진에게 점심식사를 대접하는 자리를 만들었다. 내가 안정환, 김성주 씨 등 중계진에게 강조한 것은 딱 한가지였다.

'품격 있는 중계방송.'

안정환, 김성주 조합이 워낙 방송을 재미있고 공감 가게 잘하니까 실수만 하지 말아달라고 당부한 것이었다.

우리는 결국 해냈다. 대한민국 대표팀의 16강 진출과 함께 MBC의 월드컵 중계방송은 최고 시청률 20퍼센트, 시청자수 1천만명이라는 대기록을 달성하며 분에 넘치는 국민들의 사랑을 받았다. 예능본부에서 제작한 「안정환의 히든 카타르」 등 월드컵 특집 프로그램들과 공들여 만든 유튜브 콘텐츠들도 높은 관심을 받음으로써 우리는 '스포츠는 MBC'라는 이미지를 되찾아왔다. 꿈만 같았던 월드컵이 끝나고 MBC의 압도적 1위를 자축하는 행사가 열렸다. 나는 안정환 씨 등 중계진에게 포상금을 수여하고 중계방송에 참여한 사원들 모두에게 해외여행 상품권을 지급했다. 축하 회식 자리에서 안정환 해설위원이 농담을 던졌다.

"포르투갈전에서 이강인이 찬 코너킥이 호날두 등에 맞고 마침 김영권 발 앞에 떨어졌잖아요. 그때 '호날두, 고마워요'라고 말할 뻔했는데 사장님이 강조한 '품격'이 생각나서 참았습니다."

모두들 웃었지만 나는 안 위원이 고맙기만 했다.

우리는 위기를 만났고 아픔을 겪었다. 그리고 변명하지 않았고 잘못을 고치기 위해 진솔하게 노력했다. 무엇보다 어렵게 쌓은 시청자 신뢰가 한순간에 무너질 수 있다는 경험은, 추후 우리가 같은 잘못을 되풀이하지 않도록 해주는 소중한 교훈이 될 것이다.

MBC는 이제 지상파 TV가 아니다

임기 2년차였던 2021년 가을, 「무한도전」과 「놀면 뭐하니?」라는 국민 예능의 연출자이자 MBC 콘텐츠 경쟁력의 상징이었던 김태호 PD가 고심 끝에 MBC를 떠난다고 발표했다. MBC는 김태호에게 특별한 대우를 해주고 있었지만 더이상 그를 붙잡을 수가 없었다. 세상이 달라졌기 때문이다. 글로벌 콘텐츠 생태계는 이른바 레거시 미디어들이 따라잡기 힘든 속도로 변하고 있었다. 변화의 양대 축은 넷플릭스와 유튜브였다. 모든 콘텐츠 투자와 인력이 그쪽으로 몰리는 상황에서 김태호 PD 같은 최고의 크리에이터들이 언제까지나 올드 플랫폼인 지상파에 머무를 수는 없다.

그렇다면 우리는 어떻게 대비해야 할까? MBC의 콘텐츠 경쟁력이 좋아지고 경영 실적도 호황을 누리고 있었지만 그것만으로는 미래가 보장되지 않았다. 덩치가 큰 지상파 TV들은 변화에 적응하는 움직임이 느릴 수밖에 없다. 근본적인 인식의 변화가 필요했다. 지상파 시스템이 키워낸 우수 인력들이 OTT와 유튜브로 빠져나가는 상황은 우리가 막을 수 없는 것이었다. 거대한 물결을 거스르는 일이기 때문이다. 오히려 지상파 채널의 틀을 깨는 적극적인 콘텐츠 전략이 요구되는 시점이었다. 2021년 12월 2일, 임기 2년을 보내고 맞이한 창사 기념식에서 나는 새로운 비전을 발표했다. 오랜 생각 끝에 만들어낸 슬로건이었다.

MBC는 이제 지상파 TV가 아니라 '지상파 TV를 소유한 글로벌 콘텐츠 그룹'이 되어야 합니다.

우리의 정체성을 지상파 TV에만 두지 말고 더 확장하자. 우리가 만든 콘텐츠를 지상파 채널에서만 내보내는 것이 아니라 다양한 플랫폼에 유통시켜서 우리의 영토를 넓히자. 그런 얘기였다. 취임사에서 '빠름과 유연함'을 강조했던 것도 결국 콘텐츠 생태계 변화에 우리를 맞춰야 한다는 취지였다.

이미 변화는 MBC 내부에서 시작되고 있었다. 예를 들어 「피의 게임」이라는 서바이벌 프로그램을 제작한 예능PD들은 처음부터 지상파 방영이 아니라 지상파 OTT인 웨이브에서 유통시키는 것이 목표였다. 따라서 제작비 투자도 웨이브에서 받았고, 웨이브에서 이를 먼저 내보낸 다음 MBC가 시차를 두고 방영하는 시스템을 처음으로 채택했다. 과거라면 있을 수 없는 방식이었지만 TV를 잘 안 보는 젊은 시청자층을 겨냥한 콘텐츠였기 때문에 오히려 효과적인 전략이었다는 평가를 받았다.「피의 게임: 시즌 2」역시 같은 방식으로 제작돼 올해 웨이브를 통해 인기를 끌었다.

올해 초 넷플릭스에서 방영된「피지컬: 100」은 '글로벌 콘텐츠 그룹 MBC'의 가능성을 전세계에 증명했다. 내로라하는 몸짱 1백 명이 모여 순수한 체력과 협동심을 겨룬다는 프로젝트는「PD수첩」연출자 출신인 장호기 PD의 아이디어로 시작됐다. 장 PD가 처음 넷플릭스 방영을 목표로 기획안을 냈을 때 시사교양본부 내에서는 큰 관심을 받지 못했다고 한다. 하지만 넷플릭스와 협상이 잘됐다는 보고를 받고 나는 적극적으로 제작인력을 투입하라고 지시했다. 결과는 대성공이었다. 방영 2주 만에 넷플릭스 글로벌 순위 1위에 등극했고, 많은 사람들이 'MBC가 이런 것도 만들어?' 하며 놀라워했다.

다큐멘터리 전문가인 조성현 PD가 제작해 넷플릭스에서 내보낸「나는 신이다」역시 한국 순위 1위에 오르면서 큰 화제를 불러일으켰다. 기독교복음선교회(통칭 JMS) 정명석 등 사이비종교 지도자들의 행태를 고발한「나는 신이다」는 충격적인 제보와 적나라한 영상 때문에 도저히 지상파로는 방영되기 힘든 수위의 내용이었다. 오히려 글로벌 OTT 시스템 덕분에 MBC가 취재해놓은 영상과 증언들을 제대로 된 탐사다큐멘터리로 만들어낼 수 있었다고 봐야 한다.

「피지컬: 100」과「나는 신이다」의 성공 이후 많은 전문가들이 MBC의 전략에 대해 긍정적인 평가를 내렸다.『한겨레』에 실린 김도훈 평론가의 칼럼을 보자.

「피지컬: 100」은 문화방송MBC이 제작한 프로그램이다. 놀랍게도 엠비시는 자사 채널이 아니라 넷플릭스로만 프로그램을 공개하기로 했다. 나는 이것이 한국 지상파 역사상 가장 똑똑한 전략이라고 확신한다. 자사 채널용이라면 문신으로 가득한 남녀들이 악에 받친 욕설을 내뱉으며 거칠게 서로의 육체를 짓누르는 생생한 장면들은 모조리 편집해야만 했을 것이다. 그런 얌전한 프로그램으로 승부를 거는 건 오티티OTT 시대에 더는 가능하지 않다.

방송사는 이제 방송사여서는 살아남을 수 없다. 이미 보유하고 있는 숙련된 장인과 다양한 제작 경험을 살린 '콘텐츠 제작사'가 되어야 한다. 이미 피지컬은 있으니 머리만 조금 더 쓰면 지상파의 종말을 이야기하던 사람들을 머쓱하게 만들 수도 있을 것이다. 「피지컬: 100」은 프로그램 내적 외적으로 새로운 피지컬의 시대가 왔다는 걸 알리는 신호다.•

우려의 목소리도 있다. 지상파가 OTT에 종속되어 '외주 제작사'로 전락하는 게 아닌가 하는 문제의식이다. 내 생각은 '걱정할 필요 없다'이다. 막강한 자본력을 무기로 한 넷플릭스의 독주가 앞으로도 계속된다면 지상파의 위상 역시 계속 추락할 수밖에 없을 것이다. 하지만 결국 콘텐츠를 이기는 플랫폼은 없는 법이다.

• 김도훈 「'피지컬: 100', 슬램덩크 송태섭처럼 거인도 꺾을 수 있는 몸짱 예능」, 『한겨레』 2023년 2월 2일.

K-콘텐츠의 경쟁력은 글로벌 시장에서 충분히 검증받았으며 그 경쟁력의 원천은 창의력 넘치는 연출가와 제작자 들이다. 지상파야말로 우수한 자질의 인력을 채용해 최고의 연출가로 키워온 제작자들의 조직이다. 키워놓은 인재들이 빠져나가면 어떡하냐고? 또 키워내면 된다.

이제 넷플릭스 독주를 끝내기 위한 노력이 시작돼야 한다. 무엇보다 뿔뿔이 흩어져 있는 국내 OTT들이 힘을 합쳐 단일한 K-OTT를 만드는 것이 급선무이다. K-OTT가 탄생한다면 국내는 물론 수억명의 시청자가 있는 아시아 시장에서 넷플릭스 못지않은 성장을 기대할 수 있다. 이 글을 쓰고 있는 지금 웨이브와 티빙의 합병 논의가 시작됐다는 뉴스를 접했다. 늦었지만 반가운 소식이다. 중요한 것은 정부의 뒷받침이다. 넷플릭스에 맞서는 대한민국 대표 OTT의 탄생을 정부는 제도적으로 지원해줘야 한다.

신뢰도 1위에 오르다

흑자 경영, 콘텐츠 경쟁력 회복, 월드컵 방송 1등, OTT 전략의 성공…… 사장으로서 여러 성과를 내세울 수는 있지만, 결국 국민들이 가장 눈여겨보는 기준은 'MBC가 언론으로서의 역할을 제대로 했는가'일 것이다. '공영방송 사장은 저널리즘으로 평가받는다'는 명제는 내 좌우명이었다. 나는 임기 첫해 흑자 전환에 성공한 뒤 『연합뉴스』와 인터뷰를 했는데 오히려 경영 실적보다 보도가 더 중요하다고 말했다.

> "「뉴스데스크」와 「PD수첩」은 우리 간판인 만큼 시청자와 호흡하고 비전을 제시할 수 있어야 한다. 시청자들에게는 MBC가 흑자를 냈는지보다 보도를 똑바로 하느냐가 훨씬 중요하다. (…) 재난, 양극화, 저출산, 한반도 평화 같은 이슈를 다루는 데 있어서 색깔이 분명하게 드러나는 공영방송이 돼야 한다."[●]

사장이 된 이후에는 뉴스 내용에 전혀 간섭하지 않았고 간섭할 수도 없었다. MBC의 시스템이 그렇게 돼 있다. 내 사무실 컴퓨터로는 「뉴스데스크」의 큐시트를 볼 수도 없다. 그래도 MBC 저널리즘의 책임자는 사장이다. MBC가 언론사로서 신뢰를 잃으면 아무리 흑자를 많이 내는 사장일지라도 실패한 사장이 되는 것이다.

그런 면에서 보면 나는 확실히 성공한 사장이라고 자신 있게 말할 수 있다. 2022년 말, KBS가 분기마다 실시하는 언론사 신뢰도 조사에서 MBC는 드디어 1위에 올랐다. **가장 신뢰하는 언론 매체, 가장 신뢰하는 방송사, 가장 신뢰하는 방송사 뉴스, 가장 선호하는 방송사.** 이 4가지 항목에서 모두 1위를 차지한 것이다. 올해 1분기 조사에서도 전부문 1위를 유지했다.

다른 조사에서도 같은 추세가 확인되고 있다. 영국 로이터저널리즘연구소가 2023년 발간한 「디지털 뉴스 리포트 2023」에 따르

● 「흑자 전환」 박성제 MBC 사장 "지상파는 막강한 콘텐츠 기지" 「연합뉴스」 2021년 2월 24일.

면 한국 언론사 15개 매체 가운데 MBC 신뢰도가 58퍼센트로 가장 높았다. 신뢰도 2위는 KBS와 YTN 55퍼센트, 꼴찌는 『조선일보』 33퍼센트 순이었다.

어떤 이들은 MBC의 신뢰도가 상승한 것은 윤석열 대통령이 당선된 이후 MBC가 정부와 각을 세우는 뉴스를 많이 한 덕분이라고 분석하기도 한다. 나는 이런 시각에 동의하지 않는다. 권력을 감시하고 비판하는 것은 언론의 가장 중요한 임무이지만 그것만으로 수용자들이 신뢰를 주지 않기 때문이다. 만약 그렇다면 문재인 정부 때는 『조선일보』가 신뢰도 1위를 차지했어야 하는 것 아닐까.

지금 뉴스 수용자들의 수준은 예전과 비교할 수 없을 만큼 높은 위치에 도달해 있다. 권력을 비판하더라도 정확한 팩트가 뒷받침되어 있는지, 비판의 기준이 합리적인지, 평소 그 언론은 어떤 입장을 취해왔는지, 낱낱이 해부당한다. 더구나 MBC의 신뢰도는 윤석열 정부 출범 이후 1년 만에 급상승한 것이 아니다. 이 책 1부에서 자세히 설명한 것처럼 2017년 정상화 이후 5년 동안 MBC의 언론인들은 꾸준히 뉴스를 재건해왔다. 사립유치원 비리, 김용균 사망과 비정규직의 현실, 버닝썬 게이트…… 이런 힘있는 탐사보도가 MBC 뉴스를 바닥에서 끌어올렸고, 검찰개혁 이슈를 계기로 사람들은 드디어 'MBC가 돌아왔다'고 평가했다.

그 이후에도 MBC 뉴스는 계속 업그레이드되어왔다. 최고의 지휘관들이 보도국을 이끌고 기자들도 좋은 뉴스를 어떻게 만들어야 하는지 체득한 덕분이다. 문재인 정부의 공직자 윤리나 정책에 대해서도 비판하는 굵직한 보도들이 이어졌지만 청와대나 민주당은 MBC를 비난하지 못했다. 팩트와 기준이 합리적이었기 때문이다.

예를 들어 2020년 6월 「뉴스데스크」는 두채 이상 집을 보유한 청와대 참모들이 한채를 처분하라는 지시를 받았지만 6개월이 넘도록 이행하지 않는 실태를 고발했다. 일일이 등기부등본과 관련 서류를 확인한 탐사취재의 결과물이었다. 심지어 노영민 비서실장도 아직 두채를 유지하고 있다는 사실까지 드러났고, 이 보도는 결국 청와대 비서관들이 대거 교체되는 계기가 됐다. 김진국 민정수석의 아들이 기업 입사지원서에 '아버지가 민정수석이니 많이 도와줄 것이다'라고 썼다는 사실도 단독 취재로 보도됐고, 결국 김 수석은 사임했다.

2021년 3월에는 'LH 투기와 뇌물, 부패 사건 연속 특종 보도'가 나왔다. 한국토지공사LH 간부들이 납품업체로부터 각종 뇌물과 로비를 받다가, 퇴직 후에는 그 업체들로 자리를 옮겨 수주를 싹쓸이하는 부패 사슬을 고발한 보도였다. 역시 제보를 바탕으로 장기간의 확인 취재를 거쳐 완성된 탐사보도였다. 이 보도는 부동산 가격 폭등으로 분노한 민심에 불을 붙였고 결국 4월 재보궐선거에서 민주당 후보들은 참패할 수밖에 없었다. 그리고 MBC 취재팀은 그해 한국방송기자대상을 수상했다. 이런 과정을 살펴보면 MBC 뉴스가 민주당 편향적이라는 비난이 얼마나 무책임하고 근거 없는 헐뜯기인지 쉽게 확인할 수 있을 것이다.

권력 감시뿐 아니라 사회적 약자들을 대변하려는 노력도 계속

됐다. 2021년 6월, 인권사회팀 기자들의 '공군 성폭력 사건 연속보도'가 대표적인 사례다. 공군 모 부대에서 벌어진 성폭력, 2차 가해까지 당한 피해자의 억울한 죽음, 그리고 이를 축소 은폐한 공군의 관행을 고발한 보도였다. 보도를 통해 드러난 문제점들은 성폭력 사건에 대한 군의 안일하고 부실한 대응의 총집합이라고 봐도 과장이 아닐 정도였다. 이 뉴스를 처음부터 취재한 신재웅 기자는 그해 한국기자상, 대한민국 언론대상, '올해의 방송기자상', 관훈언론상, 국제엠네스티 언론상 등 기자가 받을 수 있는 모든 상을 휩쓸었다.

2017년 정상화 이후 5년여 동안 MBC 뉴스와 시사 프로그램이 받은 굵직한 상들은 얼추 세어봐도 수십 개에 이른다. 역대 기록으로 MBC보다 더 많은 상을 탄 언론사도 있겠지만 지난 5년으로 한정하면 MBC의 수상 실적이 다른 언론사를 압도하는 것은 확실하다. 신뢰도의 상승은 바로 이런 성과들을 시청자들이 인정해준 덕분이라고 봐야 한다.

윤석열 정부가 들어선 이후에도 달라진 것은 없었다. 기자들은 성역 없이 취재하는 데 최선을 다했다. 인사청문회 정국에서 기자들의 발로 뛰는 검증 보도로 교육부총리가 낙마했다. 또 기자들은 '대통령 전용기 민간인 탑승 보도'를 통해 권력의 자의적 사용을 감시해냈다. 10·29 이태원참사 때는 어느 언론보다 먼저 나서서 '재난보도'에서 지켜야 할 내부 준칙을 신속하게 세웠고, 유족들의 아픔을 조명했으며, 재난 예방 시스템의 부재를 비판했다. 사장으로서 할 일은 외풍을 막는 것뿐이었다.

반면 윤석열 정부와 국민의힘은 이런 노력을 자신들에 대한 공격으로 받아들였다. MBC 앞에 '좌파 언론' '가짜 뉴스'라는 단어를 붙이고 사장과 기자들을 비난하고 고발했다. 하지만 국민들은 속지 않았다. '믿을 곳은 MBC뿐'이라는 인식이 퍼져나갔다. MBC의 신뢰도는 갈수록 높아져 결국 1위에 올랐다. 그리고 'MBC 죽이기'가 시작됐다.

2부 MBC 살리기 2: 공영방송 사장은 저널리즘으로 평가받는다   **145**

3부

'MBC 죽이기'의 시작

살아 있는 권력, 검찰과의 갈등

2020년 3월, MBC 탐사기획 「스트레이트」는 '검찰총장 장모님의 수상한 소송'이라는 제목의 연속보도를 3회에 걸쳐 방영한다. 윤석열 검찰총장의 장모 최은순 씨의 불법행위와 검찰의 부실 수사 의혹을 조명하는 내용이었다. 최씨가 동업자와 함께 경기도 성남의 땅을 사들이는 과정에서 은행 잔고증명서를 위조했고, 영리병원을 설립해 의료법까지 위반한 혐의가 있지만 어쩐 일인지 기소가 되지 않았다는 것이었다. 검찰이 과연 사건을 공정하게 처리했는지, 봐주기 수사를 한 것은 아닌지, 판결문을 근거로 꼼꼼하게 짚었고, 윤석열 총장의 부인 김건희 씨는 당시 어떤 역할을 했는지에 대해서도 관련자들의 증언을 담았다.

사실 최씨의 잔고증명서 위조 관련 의혹은 2018년 9월호 『신동아』가 처음 보도하면서 세간에 알려졌지만 이후 큰 주목을 받지 못했다. 2019년 윤석열 총장의 인사청문회에서도 공방이 있었지만 총장 임명에 별다른 영향을 주지 못했다. 반면 「스트레이트」 보도의 반향은 컸다. 미적거리던 검찰 수사가 속도를 냈고 결국 최은순 씨는 기소됐다. 최씨는 2021년 7월 '요양병원 개설' 관련 재판 1심에서 실형을 선고받고 법정구속이 되었다가 보석으로 풀려났지만, 올해 7월 '잔고증명서' 관련 재판 2심에서 법정구속이 됐다.

「스트레이트」는 왜 현직 검찰총장 장모의 불법행위를 보도했을까? 이 보도를 담당한 이용주 기자가 취재를 시작한 동기는 간단했다. "최씨와 동업자 간 소송 판결문을 입수해서 봤더니 수상한 점이 많았다. 판결문은 누구나 볼 수 있도록 공개가 돼 있는데 어느 언론사도 다루지 않아서 확실히 짚어줄 필요가 있었다."는 게 이 기자의 말이다. 무려 넉달 동안 "돌다리를 두드리는 심정으로 꼼꼼히 취재했다"고 한다. 당시 방송에서 조승원 앵커는 이렇게 말했다.

"윤 총장은 과거 정부에서나 지금도 살아 있는 권력과 맞서면서 누누이 '수사에 성역은 없다'라고 강조해왔습니다. 그렇다면 막강한 힘을 가진 검찰총장의 장모라고 해서 이 원칙에 예외가 될 수는 없을 겁니다. 의혹이 크고 많으면 일단 조사를 해봐야 합니다. 우리 모두는 법 앞에서 평등해야 합니다."●

● 「스트레이트: 검찰총장 장모님의 수상한 소송」, MBC, 2020년 3월 9일.

검사들이 대통령이나 정부·여당 실세의 비리를 수사할 때 보통 '살아 있는 권력을 성역 없이 수사한다'는 표현을 쓴다. 윤석열 검찰총장도 부장검사들에게 "살아 있는 권력에 대한 수사에도 좌고우면하지 말아야 한다"고 강조한 적이 있다. 조국 전 장관 일가에 대한 전방위 수사도 그런 명분으로 진행한 것 아닌가. 그렇다면 우리 사회에서 검찰은 과연 '권력'이 아니라고 할 수 있을까? 「스트레이트」팀은 현직 검찰총장이야말로 '살아 있는 권력의 정점'이라고 보고 성역 없는 취재를 한 것일 뿐이다.

MBC의 시사 프로그램이 검찰 권력에 대해 비판적인 보도를 한 것은 수도 없이 많다. 당장 「스트레이트」만 해도 2019년 한해와 2020년 초 검찰의 봐주기 수사나 전관예우 등을 비판하는 보도를 8번이나 냈다.

44회 2019. 4. 15. '김학의 별장 성접대' 윤중천, 입을 열다

63회 2019. 9. 2. '논두렁 시계'의 배후 국정원? 검찰?

66회 2019. 9. 30. 검찰 권력의 횡포, 기소는 입맛대로

67회 2019. 10. 21. 무소불위 검찰의 횡포, 감히 검사를 협박했다가……

72회 2019. 11. 25. "나는 기본 수임료 3억부터" … 검찰 출신 '전관'의 힘

73회 2019. 12. 2. 검찰 눈에만 안 보이는 '하나고 의혹'

75회 2019. 12. 16. 처벌 안 하나 못 하나 검찰과 법 위의 의

「PD수첩」역시 최승호 PD의 '검사와 스폰서'를 방영했듯이 간첩조작이나 전관예우, 재벌·언론과의 유착 등 검찰의 관행을 지속적으로 고발해왔다. 한마디로 MBC 언론인들은 검찰을 '통제받지 않는 권력집단'으로 바라보고 있다는 것이다. 게다가 MBC는 오너가 없기 때문에 기자, PD 들이 좀처럼 검찰을 두려워하지 않는다. 검찰개혁에 힘을 싣는 보도가 다른 언론사에 비해 과감하고 많은 이유다. 보수정권 시절이든 진보정권 시절이든 다르지 않았다.

「스트레이트」의 '검찰총장 장모님의 수상한 소송' 보도 역시 윤석열 당시 총장이 아니라 '살아 있는 검찰 권력'을 겨냥한 것이었다. 하지만 최은순 씨는 개인에 대한 부당한 공격으로 인식한 듯하다. 한 언론사가 「스트레이트」보도 이후 최씨가 지인과 나눈 전화 통화 녹음파일을 입수해 공개했는데, 최씨는 "내가 MBC한테도 그랬어. 내가 그냥 있으려고 해서 있는 게 아니다. (윤 총장) 임기가 얼마 남지 않았으니까 그때까지만 참고 있는 것"●이라면서 MBC를 직접 거론하며 노골적인 불만을 표현했다.

윤석열 대통령도 장모 최씨를 적극 두둔하는 입장이었다. 2021년 5월 26일 대선 출마 선언을 앞두고 국민의힘 의원들을 만나 "내 장모는 비즈니스를 하던 사람일 뿐"이며 "사기를 당한 적은

● 「(단독) 윤석열 장모 "내가 MBC한테 그랬어. 참고 있는 거라고!"」, 「UPI뉴스」 2022년 2월 23일.

있어도 누구한테 10원 한장 피해 준 적이 없다"고 강조했다고 한다.* 최씨의 1심 재판이 한창 진행 중이던 시기였다.

게다가 '검찰총장 장모님의 수상한 소송' 3부작의 방송 시점이 공교롭게도 내가 사장이 된 직후여서 일각에서는 의도를 의심하는 시각이 제기됐다. 전·현직 법무장관 조국, 추미애와 대립했던 윤석열 검찰총장을 흠집내기 위해, 사장이 비판 보도를 지시한 게 아니냐는 모략성 얘기였다. 물론 전혀 근거 없는 주장이다. 앞에서도 언급했듯 이용주 기자는 방송 넉달 전부터 취재를 시작했기 때문이다. 정상화 이후 MBC에서 사장이 특정 보도를 지시하거나 보도 내용에 간섭하는 일은 불가능하다.

「스트레이트」는 '검찰총장 장모님의 수상한 소송' 이후에도 꾸준히 검찰 조직의 도덕성이나 부조리, 해묵은 관행을 비판하는 묵직한 보도를 계속했다. 2020년 4월에는 검사 성범죄를 은폐하는 검찰의 제 식구 감싸기 행태를 고발하고, 검찰 조직의 문제점을 내부에서 앞장서 비판해온 임은정 검사를 단독 인터뷰했다. 2021년 1월에는 전관예우로 천문학적인 돈을 버는 검사들의 관행을 고발하고, 6월에는 김학의 전 차관에 대한 '출국 금지'가 불법이라는 검찰의 입장을 비판하기도 했다. 「PD수첩」 역시 2020년 4월 사모펀드 특집 방송인 '조국 펀드 추적기'를 통해 당시 대한민국을 뒤흔들었던 권력형 비리 의혹의 실상이 당시 검찰 수사나 언론 보도들과는 전혀 다르다는 것을 밝혀냈다.

● 「윤석열, 장제원에 "몸 던지겠다. 좌고우면 않겠다" … 국민의힘 입당 신호 보냈나」, 『매일경제』 2021년 6월 1일.

검찰은 MBC 시사 프로그램의 이런 보도들을 대단히 불편해했다. 특히 2019년 12월 「PD수첩」이 '검찰 기자단' 편을 통해 검찰과 기자단의 공생관계와 폐쇄적인 기자단 운영방식을 비판한 이후부터는, 검사들이 MBC 기자와 만나는 것을 거부할 정도가 됐다고 한다. 검찰 간부와 출입기자단이 회식을 할 때 MBC 기자는 아예 빼버린다는 얘기를 들은 적도 있다. MBC 기자들이 검찰 내 '블랙리스트'에 올라간 것이다.

보수진영에서는 'MBC가 문재인 정권을 비호하기 위해 윤석열 총장과 검찰을 흠집낸다'는 음모론을 끊임없이 설파했다. 대선이 다가오면서 음모론은 더욱 구체화되기 시작했다. 보수 유튜버들은 음모의 기획자로 공공연히 '박성제 사장'을 거론했다. 내가 정권 재창출을 위해 기자, PD 들에게 편파 보도를 지시하고 있다는 주장이었다. 모든 것이 정파적 의도에 따른 터무니없는 모략이었지만 나로서는 일일이 대응하는 것이 불가능했다.

경찰 사칭 사건과 김건희 녹취록 보도

2021년 6월 29일, 윤석열 전 검찰총장이 대통령 선거 출마를 선언하면서 정국은 본격적인 대선 국면으로 접어들었다. 나는 모든 뉴스와 시사 프로그램 제작진들은 논란이 발생하지 않도록 공정한 보도에 만전을 기해달라고 당부했다. 후보들에 대한 검증 보도는 제대로 하되, 편파 시비가 일지 않도록 팩트 취재를 정확하게 하라는 취지였다.

여권에서는 이재명 후보의 대장동 개발과 관련된 논란이 본격화되고 있었고, 야권에서는 윤석열 후보 부인 김건희 씨의 논문 표절, 경력 부풀리기 의혹이 제기되기 시작했다. 그런데 MBC에서 예기치 못한 사고가 터졌다. 보도국 기자와 영상취재 PD가 김건희 씨의 논문 표절 의혹을 취재하기 위해 김씨 지도교수 집을 찾아갔다가, 경찰을 사칭하는 잘못을 저지른 것이다. 최장원 보도국장에게 보고를 받아보니, 취재팀이 교수의 집을 찾아갔다가 집 앞에 세워진 승용차 주인과 통화하는 과정에서 자신을 경찰이라고 말한 것이었다. 변명의 여지가 없었다. 취재윤리를 어긴 행위였다.

즉시 「뉴스데스크」에 취재윤리 위반에 대해 공식 사과하고 진상조사에 착수하도록 했다. 시청자위원과 외부 인사로 구성된 조사위원회의 조사 결과, 국장이나 데스크의 지시는 없었고 기자가 별생각 없이 경찰을 사칭한 것으로 확인됐다. 조사 결과에 따라 해당 기자는 6개월 정직의 중징계를 받았다. 해고에 다음가는 가장 엄한 징계였다.

그러나 윤석열 후보 캠프는 기자 혼자 저지른 일이 아니라 '윗선의 개입'이 있었을 거라면서 MBC 조직 전체를 겨냥했다. 취재윤리 위반을 넘어 '공무원 사칭'이나 '강요죄'에 해당한다면서 해당 기자를 고발했다. 검찰은 기자와 영상취재 PD를 즉각 기소했고 두 사람은 결국 벌금형을 받았다.

MBC가 대통령 후보 부인의 논문 표절이나 경력 위조 의혹을 취재하는 것은 언론의 정당한 검증 보도 활동이다. 결국 의혹의 상당수가 사실로 드러났고 김건희 씨는 나중에 "잘 보이려 경력을 부풀리고 잘못 적은 것도 있었다"며 "모든 것이 저의 잘못이고 불찰"이라고 공개적으로 사과했다.● 그와는 별개로 기자가 취재 과정에서 경찰을 사칭한 것은 명백한 잘못이기 때문에 MBC는 메인 뉴스를 통해 사과하고 이들에게 중징계를 내린 것이다. 방문진에서 국민의힘 추천 이사들이 이 문제를 추궁했을 때도 나는 "입이 백개라도 드릴 말씀이 없다"고 잘못을 인정했다.

그러나 윤 후보 캠프와 국민의힘이 이 사건을 'MBC의 조직적인 편파 보도' 프레임으로 몰고 간 것에 대해서는 인정할 수 없었다. 사실이 아니기 때문이다. 대선 과정에서 MBC를 타깃으로 집중 공격함으로써 MBC의 입을 막는 한편, 다른 언론들의 검증 보도에까지 영향을 미치려는 그들의 전략으로밖에 볼 수 없었다.

윤석열 후보 측과 MBC의 갈등은 대선 50여일을 앞두고 「스트레이트」의 '김건희 씨는 왜' 보도를 계기로 최고조를 맞게 된다. 2022년 1월 중순, 「스트레이트」의 장인수 기자가 김건희 씨의 녹취록을 보도할 예정이라는 소식이 인터넷을 통해 먼저 알려졌다. 유튜브 매체 '서울의 소리'의 이명수 기자가 김건희 씨와의 통화 녹취본을 장인수 기자에게 제보했고, 「스트레이트」가 1월 16일 정규 방송에서 보도한다는 내용이었다. 나도 인터넷을 통해 이 사실을 알게 된 후에야 최장원 보도국장에게 물어봤다.

● 「고개 떨군 채 울먹인 김건희 ··· 7분간 "잘못·불찰·사죄·죄송"」, 「연합뉴스」 2021년 12월 26일.

"녹취록이 어떤 내용인가요?"

"꽤 많은 분량인데 저도 다 읽어보지 않았습니다."

"김건희 씨의 프라이버시와 관련된 내용들도 있지 않을까요?"

"걱정 안 하셔도 됩니다. 녹취록 중에서 사적인 대화는 제외하고 보도할 가치가 있는 내용만 추려서 객관적으로 정리하겠다는 게 「스트레이트」팀의 입장입니다."

"알겠습니다. 민감한 시국이니 편파 시비가 일지 않도록 국장이 신경써주세요."

더이상 보탤 말이 없었다. 입수한 녹취록이 보도할 가치가 있는지 여부는 전적으로 기자와 데스크가 판단하고 보도국장이 최종 결정한다. 사장은 방송을 내라 마라 간섭하지 않는다. 그게 MBC다. 그러나 사장으로서 책임은 회피할 수 없었다. 만약 '경찰 사칭 사건'처럼 취재윤리 문제가 불거지거나 개인의 사적인 내용이 방송된다면 MBC는 큰 타격을 받게 될 터였다. 중대한 고비였지만 걱정은 하지 않았다. 기자들을 믿었기 때문이다.

윤석열 캠프와 국민의힘이 방송을 막기 위해 전력을 다하면서 예상보다 파장이 훨씬 커지기 시작했다. 국민의힘은 MBC가 불법으로 녹취된 음성을 방송해서 윤 후보를 낙선시키려 한다고 거세게 비난하면서 방송금지 가처분 신청을 제기했다. 급기야 방송 이틀 전, 국민의힘 의원들이 MBC를 항의 방문했다. 나는 자리를 피하지 않고 의원들을 만나겠다고 했지만 시민들이 몰려와 이들을 막아서면서 충돌까지 발생했다. 몇시간 뒤 간신히 MBC 사옥으로 들어온 김기현 원내대표, 박성중, 이채익 의원과 회의실에서 마주했다. 의원들은 '방송을 내면 안 되며, 만약 낸다면 이재명 후보의 욕설 녹취록도 함께 보도해야 한다'고 주장했다. 나는 '사장은 보도에 간섭할 수 없다'는 원칙적인 답변을 할 수밖에 없었다. 10여 분간의 회동은 그렇게 끝났다. 난 당연히 국민의힘 측 요구를 「스트레이트」 제작진에 전달하지 않았다.

그날 오후, 법원이 윤 후보 측의 가처분 신청을 일부 인용하면서 변수가 생겼다. 재판부는 일단 방송을 금지하지는 않았다. 대신 일부 내용은 '김씨와 관련돼 수사 중인 사건에 대해 향후 진술 거부권 등이 침해될 우려가 있다'고 판단했다. 또 '김씨가 부정적인 기사를 쓴 언론사에 대하여 다소 강한 어조로 불만을 표한 것은 유권자에게 필요한 정치적 견해에 해당한다고 보기 어렵다'고 밝혔다.

법원의 결정은 수긍하기 힘든 부분이 많았지만 「스트레이트」 제작진은 결국 기사를 대폭 수정할 수밖에 없었다. 법원 결정을 따라야 한다는 변호사들의 주장 때문이었다. 그 결과 비판적인 언론에 대해 "내가 정권을 잡으면 무사하지 못할 것이다" "권력이라는 게 잡으면 수사기관이 알아서 입건하고 수사한다. 권력이 그래서 무섭다." 등의 발언을 편집 과정에서 들어냈다고 한다.

「스트레이트」의 '김건희 씨는 왜' 편은 무려 17퍼센트의 시청률을 기록하면서 큰 화제를 불렀다. 「스트레이트」의 평소 시청률이 3~4퍼센트 정도였다는 점을 고려하면 얼마나 뜨거운 이슈였는지 짐작할 수 있다. 방송 직후 MBC는 여야 양쪽 진영으로부터 모

두 욕을 먹었다. 나중에 많은 언론들이 문제의 녹취록을 다뤘음에
도 불구하고 국민의힘은 녹취록의 '보도 가치'를 끝까지 부인했고,
MBC를 '편파 방송'으로 비난하는 근거로 활용했다. 반면 민주당
지지층은 'MBC가 윤석열 후보의 눈치를 보느라 방송을 어중간하
게 냈다'고 비난했다. 심지어 인터넷에서는 「스트레이트」가 방송
을 제대로 했으면 이재명 후보가 이겼을 것이라는 주장까지 나올
정도였다. 어느 쪽이든 공영방송을 정파적 도구로 바라보는 인식
탓이다.

　유튜브에서나 다룰 만한 사적 녹취록을 MBC가 제공받아 보도
함으로써 지상파 방송이 유튜브 채널의 '하청 언론'이 됐다는 비판
도 있었다. 이런 비판은 본질을 비켜난 것이다. 대선 후보자 및 가
족에 대한 검증 보도의 정당성은 그 소스의 출처로 입증되지 않는
다. 언론은 사적인 대화든 공적인 대화든 유권자가 알아야 할 내
용이면 보도하는 것이다.

　당시 김건희 씨는 논문 표절과 학력·경력 위조, 주가조작 등의
의혹을 받고 있는 상황이었다. 녹취록에는 김씨와 친오빠가 후보
캠프에서 비선 역할을 하는 것으로 유추할 수 있는 내용, 비판적
언론에 대한 보복성 발언, 미투에 대한 왜곡된 시각, 경선 경쟁자
인 홍준표를 비판하는 기사를 주문하는 등 후보 배우자로서 부적
절한 언행이 담겨 있었다. 만약 윤 후보가 대통령이 되면, 영부인
이 국정에 개입할 수 있다는 우려 때문에 언론이 의문을 제기하는
것은 당연했다. 당시 법원도 가처분 신청에서 '김건희는 공적 인
물에 해당하고 사회적 이슈에 대한 견해 내지 정치적 견해는 공적

관심 사안에 해당한다'고 판단했다. 따라서 녹취록 보도가 공영방송이 하면 안 되는 보도였다는 주장은 살펴볼 가치도 없다. 반면 MBC는 대선 과정에서 이른바 '줄리'로 상징되는 김씨의 과거 경력 논란은 취재하지 않았다. 그것이야말로 사적인 영역인 데다 진실성이 입증되지 않는 정보였기 때문이다.

윤석열 후보가 대통령에 당선되고 한달쯤 지난 4월 6일, '신문의 날'을 하루 앞두고 프레스센터에서 기념식이 열렸다. 코로나 19 여파로 3년 만에 열린 행사였는데 윤석열 당선자와 이준석 국민의힘 대표, 윤호중 민주당 비대위원장, 오세훈 서울시장 등이 모두 참석했다. 현직 대통령이 아닌 대통령 당선자가 '신문의 날' 기념식에 참석한 것은 처음이라고 했다. 당시 한국방송협회장이었던 나도 참석해 오세훈 시장과 함께 맨 앞줄에 서 있었다. 윤 당선자는 참석자들과 일일이 악수를 나누며 인사했지만 행사가 끝날 때까지 나와는 악수는커녕 눈도 마주치지 않았다. 그는 축사에서 "언론과의 소통이 궁극적으로 국민과의 소통이라고 생각한다. 민심을 가장 정확하게 읽는 언론 가까이에서 제언도 쓴소리도 잘 경청하겠다"고 말했다.

한덕수의 전화 그리고 '방석집 논문 심사'

정부 출범이 다가오면서 국무총리와 장관들의 명단이 속속 발표되며 인사청문회 정국이 시작됐다. 내각 후보자들에 대한 언론들의 검증 취재도 경쟁이 치열해졌다. 한덕수 총리 후보의 경우 공직에서 물러난 이후 김앤장 고문을 지낸 이력과 재산 형성 과정 등이 논란이 됐다.

여야 간 공방이 치열해지는 와중에 MBC의 단독 보도가 두건 터져 나왔다. 첫번째는 한덕수 후보가 주미대사로 재직하던 때, 워싱턴 총영사관과 한국문화원에서 열린 전시회에 부인이 작품을 전시했다는 내용이었다. 부인은 당시 화가로 불릴 때가 아니어서 '남편 찬스'로 경력에 도움을 받았다는 의혹이었다. 두번째 보도는 한 후보자의 무역협회장 재직 시절, 부부가 특급호텔 피트니스센터를 공짜로 사용할 수 있는 카드를 받아서 아직도 소유하고 있다는 내용이었다. 금액으로 치면 억대가 넘는 특혜를 받고 있는 셈이었다. 두 기사 모두 정치부 조명아 기자가 취재했는데 4월 20일과 21일 「뉴스데스크」에 연이어 톱뉴스로 처리됐다.

그즈음 모르는 번호로 전화가 와서 받아보니 한덕수 후보자였다. 그는 조명아 기자의 이름을 직접 거명하면서 보도에 유감을 표시했다. 'MBC가 검증 보도를 하는 것은 이해하지만 젊은 기자가 의욕이 과한 듯하니 사장이 잘 살펴달라'는 얘기였다. '사장은 보도에 관여하지 않으니, 알아서 잘 대처하시라'고 짧게 대답하고 끊었다. 당황스러웠다. 대한민국의 총리 후보라는 사람이 공영방송 사장에게 자신과 관련된 보도를 두고 잘 봐달라는 부탁을 하다니, 세상 바뀐 것을 이토록 모르는가.

몇가지 논란에도 불구하고 한덕수 후보자는 총리가 됐다. 한 총리는 몇달 뒤 총리실 출입기자를 통해 저녁식사를 하자고 제안을 해왔다. 주요 언론사 사장과 보도책임자를 차례로 만나는 일정이라고 했다. 문재인 정부 때 김부겸 총리와도 비슷한 만남을 한 적이 있었기 때문에 나로서는 거절할 이유가 없었다. 한 총리를 만나면 언론사 사장에게 전화하는 버릇은 나중에 문제가 될 수 있으니 고치라고 조언해줄 생각이었다. 그러나 회동은 성사되지 못했다. 이른바 '바이든-날리면' 사태가 터진 후, 정부와 MBC 관계가 최악으로 치닫자 한 총리 측이 취소했기 때문이다. 취소 통보를 할 때도 한 총리가 직접 전화를 걸어왔는데 '갑자기 해외 출장이 생겼다'는 핑계를 댔다. 날짜를 다시 잡자는 말은 하지 않았다. 'MBC 사장과 만나는 게 부담스럽다'고 솔직히 털어놨으면 더 좋았겠지만 나는 그러려니 하고 '출장 잘 다녀오시라'고 덕담만 했다.

내각 후보자 중 가장 논란이 된 인물은 김인철 사회부총리 겸 교육부 장관 후보자였다. 지명 직후부터 각종 의혹에 휩싸였다. 풀브라이트 동문회장 재직 중에 딸·아들이 모두 풀브라이트 장학금을 받은 '아빠 찬스' 논란, 한국외대 총장 시절 1억원이 넘는 교비를 골프장 이용료와 식비로 유용한 의혹, 대기업 사외이사를 겸직하면서 억대 연봉을 받은 사실 등이 언론에 의해 속속 폭로됐다. 부정적인 여론이 갈수록 높아졌다. 야당은 공정과 상식을 기치로 내건 윤석열 정부의 인선이 이런 수준이냐며 맹공격했지만 대통령실과 김인철 후보자는 꿈쩍하지 않았다.

윤석열 정부 공식 출범을 목전에 둔 5월 2일, 「뉴스데스크」를 통해 김 후보자와 관련된 두가지 의혹이 단독으로 보도됐다. 첫번째는 김 후보자가 자신이 심사한 제자의 박사논문을 짜깁기해서 학회지에 발표하고 연구비까지 지원받았다는 내용이었다. 두번째는 이 제자의 박사학위논문 심사를 일명 '방석집'이라고 불리는 고급 음식점에서 접대를 받으면서 했다는 사실이었다. 그 제자가 구청장에 출마하면서 썼던 자서전에 이런 사실을 기록해놓은 것을 MBC 기자들이 확인한 것이다. 제자의 논문을 짜깁기해서 발표한 것도 문제였지만 '방석집 논문 심사' 보도는 즉각 큰 반향을 일으켰다. 그날 밤부터 많은 언론들이 MBC 보도를 받아 기사를 썼다. 그리고 다음 날 김인철 후보자는 전격 사퇴했다. 윤석열 정부가 고르고 골랐다는 장관 후보자들 가운데 첫번째 낙마자가 나온 것이었다.

5월 10일, 국회에서 윤석열 대통령의 취임식이 열렸다. 나는 방송협회장 자격으로 취임식에 초청받아 단상에 앉았다. 취임사는 12분 정도로 짧은 편이었다. 윤 대통령은 무려 35번이나 '자유'를 언급했는데 언론의 자유, 표현의 자유를 보장하겠다는 말은 없었다. 그래도 자유를 그 정도로 소중하게 생각하는 대통령이라면 MB 정권처럼 언론탄압은 하지 않겠지. 그게 취임식에서 내가 느낀 소회였다.

이기주 기자의 특종 '1호기 속 수상한 민간인'

윤석열 대통령은 '방석집 논문 심사' 보도로 사퇴한 김인철 교육부 장관 후보자의 후임으로 박순애 서울대 교수를 지명했다. 그러나 박순애 후보자도 만취 운전에다가 연구 부정, 조교에 대한 갑질 등 여러 의혹이 제기돼 논란이 거세지고 있었다. 보건복지부 장관 후보자들의 논란은 더욱 난맥상이었다. 윤 대통령의 친구인 정호영 경북대 의대 교수가 지명됐다가 딸과 아들이 경북대 의대에 각종 특혜를 받고 편입했다는 의혹이 불거지면서 결국 사퇴했다. 다시 김승희 국민의힘 의원이 지명됐지만 역시 갭투기와 농지법 위반 의혹에, 정치자금을 차량 구입비의 일부로 전용했다는 의혹까지 겹쳐 자진 사퇴했다. 장관 후보자들의 연이은 낙마로 인한 부실 인사 논란, 대통령실 용산 이전 논란에 여론이 급속히 악화되면서 윤석열 대통령의 지지율은 취임 두달도 안 돼 20퍼센트대로 떨어졌다.

그러나 윤석열 정부의 인사를 보며 내가 개인적으로 주목했던 것은 장관 후보자들이 아니었다. 5월 26일, 이명박 정부 청와대 홍보수석이었던 이동관 씨가 윤 대통령의 대외협력특별보좌관으로 임명된 것이다. 장관급 특보라고 했다. 인사청문회를 거치지 않고 대통령이 마음대로 임명할 수 있는 자리였다. MB 정권 실세들이 윤석열 대통령의 후보 시절부터 큰 역할을 했다는 이야기는 여러 가지 보도로 알려진 상황이었다. 그러나 최시중 전 방송통신위원장, 신재민 전 문화체육관광부 차관과 함께 방송장악 3인방으로 불린 이동관 전 수석이 장관급 특보가 됐다는 것은 내게는 충격이었다. 이동관 씨가 뭔가 새로운 그림을 그리고 있을 거라는 생각이 들었다. 하지만 당시만 해도 이동관을 주목하는 언론은 별로 없었다.

7월 5일 윤석열 대통령은 언론과 야당의 의혹 제기를 무시하고 청문회도 거치지 않은 박순애 교육부 장관의 임명을 강행했다. 아침 출근길 도어스테핑에서 윤 대통령은 "전 정권에서 지명된 장관 중에 이렇게 훌륭한 사람 봤어요?"라는 말을 남겼다.[*] 바로 그날 MBC의 '1호기 속 수상한 민간인' 보도가 터져 나왔다.

「뉴스데스크」는 톱뉴스를 통해 윤석열 대통령의 나토[NATO] 정상회의 순방길에 대통령실 직원이 아닌 민간인 신분의 여성 신모 씨가 동행했다는 사실을 단독 보도했다. 신씨가 대통령 전용기를 함께 탄 건 물론이고, 대통령 숙소였던 마드리드 호텔에도 함께 투숙했다는 내용이었다. 대통령실을 출입하는 이기주 기자의 특종이었다. 신씨는 경호상 기밀 사안인 김건희 여사의 일정과 의전을 확인하는 등 사실상 제2부속실 역할을 수행했다고 한다. 알고 보니 신씨는 검사 출신 이원모 인사비서관의 부인이었다. 대통령실에서 현직 비서관의 아내를 채용하려다 논란을 우려해 포기하고 아무 근거도 없이 대통령실에서 일하게 하며 대통령 해외 순방에 동행하도록 한 것이었다.

보도의 파장은 '방석집 논문 심사'보다 훨씬 컸다. 특히 자격 없는 민간인이 대통령실 업무에 깊숙이 개입한 사실은 공분을 불러일으켰다. 사람들로 하여금 박근혜 정권의 '최순실 국정농단'을 떠올리게 했기 때문이다. 민주당은 '비선 정치' 의혹을 제기하며 "민간인을 대통령 부인이 데려가라면 데려가고, (공군) 1호기에 태우

● 「尹 부실인사론에 "전 정권 지명 장관 중 이렇게 훌륭한 사람 봤나"」, 『연합뉴스』 2022년 7월 5일.

라 그러면 태우고…… 그런 나라로 전락한 것 아니냐"고 거세게 비판했다.●

특종 보도를 한 이기주 기자에 대해 좀더 설명할 필요가 있다. '윤석열 정부의 MBC 죽이기'를 말할 때 빼놓을 수 없는 언론인이기 때문이다. 이기주는 2013년 MBC에 경력 기자로 입사했는데 원래 삼성그룹에서 일하다 기자가 된 특이한 이력의 소유자다. 이 책을 쓰기 위해 그를 인터뷰했다.

"2008년 여름이었어요. 회사가 서울 시내 한복판에 있었죠. 밤늦게까지 일하다 퇴근하는 길에 광우병 촛불집회에 참석했던 시민들이 경찰에 구타당하고 끌려가는 장면을 봤어요. '어떻게 지금 세상에 이런 일이 벌어질 수 있나' 충격을 받았죠. 화가 나서 세상을 바꾸고 싶다는 생각이 들었는데 떠오르는 직업이 기자밖에 없었어요. 그해 가을 언론사 입사에 도전했지만 준비한 게 없어서 다 떨어지고 케이블 경제방송 한군데만 합격했죠. 몇 년 열심히 다니다가 MBC에서 경력 기자 뽑는다기에 지원했는데 덜컥 붙었어요. 왠지 모르지만 MBC에서라면 꿈을 이룰 수 있을 것 같았습니다."

세상을 바꾸고 싶었다니. 기자가 될 결심을 한 계기가 선배 언론인 입장에서 볼 때 기특했다. 내가 보도국장이던 시절에 그는

● 「민주당 "민간인을 1호기에 태우라 그러면 태우는 나라로 전락"」, 『경향신문』 2022년 7월 7일.

경제팀에 있었는데 그때도 성실하면서도 집요하게 취재하는 후배였다는 기억이 남아 있다. '자격 없는 민간인이 영부인 곁에서 일하고 있다'는 사실을 어떻게 처음 알게 됐냐고 물었다.

"윤석열 대통령이 후보 시절 제가 '마크맨'(주요 대선 후보를 전담 취재하는 기자를 지칭하는 말)이었어요. 그래서 캠프 내의 인사들과 친해졌죠. 그중에는 대선 때 열심히 일했지만 결국 대통령실에 들어가지 못한 사람들도 꽤 있었어요. 그중 한명을 만나서 이러 저런 얘기를 들었는데 '인사비서관은 마누라까지 둘 다 대통령실에 들어갔다'고 분개하더군요. 그 순간 큰 기사가 될 것 같다는 직감이 들었습니다."

이 기자는 그때부터 팩트 확인에 들어갔지만 취재가 쉽지 않았다. 대통령실이 청와대에서 용산으로 이전한 직후여서 직원들의 명단도 정리된 자료가 없었다고 한다. 캠프 시절부터 인연을 맺은 취재원들에게 이리저리 물어본 끝에 신모 씨가 영부인 곁에서 일하고 있다는 것은 확인할 수 있었다. 하지만 결정적인 증거를 확보하기 전까지는 보도할 수 없었다.

"그러다가 스페인 나토 정상회의에 신씨가 영부인을 수행할 거라는 정보를 들었어요. 그런데 스페인으로 가는 전용기 탑승자 명단에 신씨의 이름이 없더군요. 포기하지 않고 더 알아봤더니 신씨가 이미 선발대로 마드리드에 가서 김건희 여사의 일정과 의전을 챙기고 있다는 것을 알게 됐습니다. 그렇다면 돌아오는 전용기에는 반드시 함께 탈 것이라고 생각했습니다. 어렵게 어렵게 귀국길 전용기 좌석표를 입수했어요. 탑승자 명단에서 신씨의 이름을 확인한 순간, 소름이 돋았죠."

이런 기사는 우연히 얻어걸리는 게 아니다. 평소 꾸준히 취재원들과 소통하고, 작은 정보에서 중요한 의미를 캐치해낸 다음, 끈질기게 팩트를 확인하는 근성의 기자 정신이 만들어낸 완벽한 특종이었다. 이기주 기자와 이정은, 신수아 기자 등 대통령실 취재팀은 이 보도로 한국기자상, 한국방송기자대상, 올해의 방송기자상 등 큰 상을 모두 휩쓸었다. 한국기자상 심사위원들은 "새 정부 출범 이후 말로만 떠돌던 사적 수행 논란을 성실하고 집요한 취재로 (…) 보도함으로써 대통령 권력과 사적 이해관계의 혼입에 경종을 울렸다"고 높이 평가했다.

9월 2일, 63빌딩에서 '방송의 날' 기념식이 열렸다. 지상파 방송사들 연합체인 한국방송협회가 주최하는 행사였다. 김진표 국회의장, 정청래 과방위원장, 한상혁 방통위원장 등이 참석했다. 방송협회장은 MBC에서 KBS 김의철 사장으로 바뀌었고, 임기가 1년 남은 한상혁 위원장은 노골적인 사퇴 압박을 받고 있었다. 윤석열 대통령은 참석은커녕 축하 메시지도 보내지 않았다. '신문의 날' 기념식에 당선자 신분으로 직접 찾아가 축사를 했던 것과 대조적인 행보였다. 여당 의원들도 보이지 않았고 당초 참석하겠다던 한덕수 총리는 국무조정실장을 대신 보냈다. 축하가 아니라 무시와 경고. 그것이 윤석열 정부가 '방송의 날'에 지상파 방송들에 보내는 메시지였다. 정확히 말하면 MBC와 KBS에 보내는 메시지였을 것이다. 그리고 20일 뒤, 윤 대통령의 비속어 발언, 이른바 '바이든-날리면' 사태가 터졌다.

바이든−날리면: 공영방송 사장은 '배짱'이다

대한민국 모든 사람이 기억하는 '바이든-날리면' 사태의 시작은 한국 시각 9월 22일 아침이었다. MBC에서 첫 보도가 나가게 된 과정은 이 책 첫머리에서 이미 설명했으므로 재론할 필요는 없을 것이다. 다만 'MBC가 보도하기 전에 미리 영상을 민주당에 전달했다'는 국민의힘의 주장이 얼마나 근거 없는 얘기인지 확인해 보자.

기록을 확인해본 결과 당시 뉴욕에서 윤 대통령 발언이 포함된 영상이 서울의 각 방송사로 전송된 시각은 오전 7시 37분이었다. 다시 말해 대통령실을 출입하는 12개 방송사가 모두 같은 시간에 영상을 확보했다는 얘기다. 한시간 뒤인 8시 반쯤부터 여의도 정가 단톡방에 비속어 발언이 담긴 동영상이 '지라시' 형태로 공유되기 시작했다. 엠바고가 해제된 시각은 9시 40분이다. 따라서 특정할 수는 없지만 12개 방송사 중 한곳에서 엠바고 해제 전에 동영상이 유출되었을 거라는 추정이 가능해진다. SNS를 통해 동영상을 확인한 민주당은 9시 30분 회의 석상에서 윤 대통령 발언을 언론보다 먼저 공개했다. 이런 과정만 살펴봐도 MBC 기자들이 민주당에 동영상을 건넸다는 주장은 터무니없음을 알 수 있다.

특히 뉴욕 프레스센터에서 문제의 발언을 확인한 MBC 기자들은 발언 내용의 심각성으로 미뤄볼 때 MBC가 먼저 보도할 경우 분명 대통령실이 트집을 잡을 것 같다는 예감이 들었다고 한다. 이기주 기자는 그래서 서울 정치부에도 일부러 보고를 늦췄다고 말했다.

> "'전용기 민간인 탑승 보도' 때문에 대통령실과 MBC 기자단 사이의 긴장감이 꽤 높던 때였습니다. 이정은 선배에게 '어차피 다른 언론들이 다 보도할 텐데 우리가 군이 먼저 보도할 필요 없지 않냐'고 했죠. 이 선배도 동의해서 엠바고 풀릴 때까지 보고를 안 하기로 했는데 이미 서울에서는 8시 30분부터 '지라시'가 돌고 있더라고요."

이후 상황은 책 앞머리에서 설명한 바와 같다. 9시 30분 민주당 박홍근 원내대표가 먼저 대통령 발언을 공개하면서 '민주당발' 관련 기사들이 미리 나오기 시작했다. 문제의 발언을 구체적으로 보도한 첫 뉴스는 10시 7분 MBC 유튜브 채널에서 나왔다. 그리고 그날 하루에만 140여개 언론사에서 같은 내용의 보도가 나왔다. 그러나 대통령실과 국민의힘은 대통령이 '바이든'이 아니라 '날리면'이라고 말했는데 MBC가 조작해서 가짜 뉴스를 내보냈다고 비난했다. 심지어 윤 대통령은 '사실과 다른 보도로 동맹을 훼손하고 국민을 굉장히 위험에 빠뜨렸으니 진상이 확실하게 밝혀져야 된다'고 공개적으로 발언함으로써 강경대응을 천명했다. 본격적인 'MBC 죽이기'가 시작된 것이다.

국민의힘에 의해 명예훼손으로 고발된 MBC 기자들과 경영진은 여전히 피의자로 수사 대상에 올라 있다. 경찰은 MBC와 민주당의 유착 의혹, 사장의 보도 지시 의혹을 조사한다면서 나와 기자들의 당일 통화기록과 이메일, 카카오톡 대화 등을 압수수색했다. 물론 유착도 없고 지시도 없었으니 어떤 증거가 나왔을 리 만무하다.

9월 26일 대통령실이 MBC에 보낸 공문도 화제가 됐다. '대외협력비서관' 명의로 발송된 이 공문은 '음성 분석 전문가도 해석이 어려운 발언을 어떠한 근거로 특정해 보도했는지 답변하라'는 등 황당한 요구들로 가득 채워져 있었다. 비서실장이나 수석이 아니라 일개 비서관이 공영방송 사장에게 보낸 공문의 형식도 부적절했지만, 보도 경위를 추궁하는 내용은 더 부적절했다. 국민의 시선은 아랑곳없이 오로지 대통령에 대한 충성 경쟁만 벌이는 참모들의 수준이 한심했다. 이튿날 다음과 같은 간단한 답변으로 공문을 보내라고 지시했다.

당사 보도의 구체적 경위에 대한 대통령비서실의 질의에 대해 답변하는 것은 언론사로서 적절하지 않다는 판단입니다. 양해해주시길 바랍니다. 끝.

10월 11일, 「PD수첩」은 '논문 저자 김건희' 편을 통해 김건희 여사의 논문 표절 의혹과 그동안의 이력을 취재해 방송했다. 두달 간의 추적을 통해 숙명여대 석사논문, 국민대 박사논문의 표절 논란을 복수의 대학 관계자의 증언을 통해 구체적으로 짚었고, 수원여대 겸임교수 지원서의 허위 경력까지 자세하게 밝혀냈다. 권력 감시라는 언론의 역할에 걸맞은 탐사취재였다. 대선 기간 김건희 여사가 두루뭉술하게 "잘 보이려 경력을 부풀리고 잘못 적은 것도 있었다"고 대국민 사과를 하긴 했지만, 윤 대통령 당선 이후에는 어떤 언론도 다시 거론하지 않았기 때문이다.

그러나 국민의힘은 「PD수첩」 도입부의 영상에서 김건희 여사의 대역을 쓰고 '대역 고지'를 빠뜨린 것을 문제삼으면서 다시 '조작 방송' 시비를 걸어왔다. 시사 프로그램에서 대역을 쓴 경우 자막으로 '고지'를 해야 하는 것은 맞다. 그러나 편집상의 실수를 '조작'이라고 몰아가는 것은 받아들일 수 없는 정치 공세였다.

며칠 뒤 MBC에서 열린 국회 과방위원들과의 국정감사 간담회에서 권성동 의원과 박성중 의원은 내게 "대통령 비속어 논란과 「PD수첩」 조작 보도의 책임을 지고 사퇴하라"며 소리쳤다. 나는 "안 들은 것으로 하겠다"고 사퇴 요구를 일축했다. 국민의힘 의원들은 간담회를 중단하고 퇴장한 다음 긴급 기자회견을 열고 'MBC 박성제 사장은 물러나야 한다'고 주장했다. 내 거취에 대한 정부·여당의 입장이 처음으로 공식화된 날이었다.

임기가 남은 공영방송 사장을 자르는 방법은 쉽게 예측 가능하다. 죄를 덮어씌워 범죄자라는 낙인을 찍은 다음 검찰이 기소하는 것이다. 지록위마 고사에서 환관 조고는 바른말 하는 충신들을 죽여버렸다. 지금 대한민국에서는 '사법적으로 죽이는 것'이 공영방송 사장을 자르는 가장 확실한 방법이다. 방송사도 기업이니 샅샅이 털면 뭐든지 시비 걸 것이 나오게 마련이다. MB 정권에서 KBS 정연주 사장이 그렇게 해임됐고 MBC 엄기영 사장은 자진 사퇴했다. 나도 사장이 된 순간부터 언젠가 수사 대상이 될 수 있다고 늘 생각하고 있었다. 이제부터는 공권력의 칼날이 본격적으로 나를 겨냥할 것이다.

칼이 들어오는 데는 2주도 걸리지 않았다. 10월 26일 고용노동부 조사관들이 MBC에 들이닥쳤다. MBC 경영진이 부당노동행위를 저질렀는지 여부에 대해 '특별근로감독'을 벌인다는 명목이었다. MBC는 이미 8월부터 국세청으로부터 대대적인 세무조사를 받고 있는 상황에서 노동부의 '특별한 조사'가 또 시작된 것이었다.

MBC만 겪는 압박은 아니었다. 이미 9월에 검찰은 TV조선 재승인 심사 의혹을 수사한다면서 방송통신위원회와 심사위원들을 압수수색했고, 감사원은 KBS에 대한 대대적인 감사를 시작했다. 한전이 YTN 지분을 매각하기로 결정하면서 YTN 민영화 작업이 궤도에 올랐다. 서울시는 「김어준의 뉴스공장」의 편파성을 문제삼아 TBS에 대한 예산을 대폭 삭감했다. '방송의 날' 기념식에서 감지됐던 어두운 기운이 공영방송 전체를 집어삼키고 있었다.

그즈음 어느날, 후배들과 소주잔을 기울이며 내가 말했다.

"공영방송 사장에게 제일 중요한 자질이 뭘까? 지금까지는 올

바른 저널리즘에 대한 신념이라고 생각했거든. 그런데 요즘은 '신념'이 아니라 '배짱'인 것 같아. 목에 칼이 들어와도 버틸 수 있는 배짱."

모두 씁쓸하게 웃었다.

전용기 탑승 불허, 그리고 "MBC 기자를 죽이겠다"는 익명 글

10월 29일, 이태원 핼러윈 축제에서 159명의 시민이 숨지는 참사가 발생했다. 즉각 재난방송 체제에 돌입한 MBC는 성장경 메인앵커까지 투입해 밤새 특보를 진행했다. 며칠 동안 특집 뉴스가 이어졌다. 시청자들은 희생자들의 가슴 아픈 사연과 유가족의 눈물에 함께 슬퍼하고, 사고를 미리 예방하지 못한 지자체와 정부에 분노했다. 그러나 책임을 져야 할 공직자들은 저마다 변명과 회피의 발언을 쏟아냈고, 정부 지지층 일부에서는 '놀러 갔다 사고 난 것을 왜 정부에 책임지라 하느냐'며 오히려 유가족을 비난하기 시작했다. 모든 것이 세월호참사 때와 유사했다.

이런 와중에 윤 대통령 부부의 멘토로 알려진 '천공 스승'이 유튜브에서 "좋은 기회는 자꾸 줍니다. 우리 아이들은 희생을 해도 이렇게 큰 질량으로 희생을 해야지 세계가 우리를 돌아보게 돼 있어요. (…) 엄청난 기회가 온 거예요."[*]라는 막말을 쏟아낸 것이 알려지면서 공분이 일었다.

탐사기획 「스트레이트」가 "'참사는 엄청난 기회' 천공은 누구인가?' 편의 방송을 기획한 것도 이즈음이다. 대선 때부터 천공과 관련된 여러가지 논란과 의혹이 제기됐지만 그의 경력과 활동에 대해 제대로 취재해서 밝힌 언론은 없었다. 「스트레이트」최경재 기자의 말에 따르면 "대선 이후 천공에 대한 궁금증이 생겨 조금씩 취재를 해오다가 이태원참사와 관련한 막말을 접하고 그의 실체를 밝혀야겠다는 결심이 섰다"고 한다. 천공의 과거 행적, 수상한 경력, 유튜브와 강연 사업의 내용, 무속 비선 논란 등을 천공의 최측근이었던 사람들을 직접 만나 자세히 취재했다. 방송 날짜는 11월 20일로 잡혔다. 11월 9일에 최경재 기자는 청와대 출입기자를 통해 대통령실 대변인에게 질의서를 보냈다. 보통 언론들이 대통령실의 입장을 취재할 경우 대변인실에 질의하는 절차에 따른 것이었다. 질의서에는 다음과 같은 내용이 포함돼 있었다.

— 윤 대통령 부부가 천공과 마지막으로 연락한 것은 언제입니까?

— 천공에게 '집무실 용산 이전' 등 국정운영에 대한 조언을 구한 적이 있습니까?

— 김건희 여사가 천공을 '스승님'으로 부른 특별한 이유는 무엇입니까?

● 「(천공 정법) 12642강 세계 정상들이 보내온 애도 메시지(홍익인간 인성교육)」 jungbub2013, 2022년 11월 2일, https://www.youtube.com/watch?v=VM-rmn9WOoM (2023년 8월 16일 검색).

― 천공에 대해 아무런 조치를 하지 않는 이유는 무엇입니까?

「스트레이트」가 대변인실에 질의서를 보낸 바로 그날 밤, 11월 9일 9시쯤 MBC 대통령실 출입기자단 1진인 이정은 기자는 다음과 같은 문자를 받았다. 윤 대통령의 동남아 순방을 이틀 앞두고 출장 준비를 하던 중이었다고 한다.

대통령실은 이번 순방에 MBC 기자들의 '대통령 전용기' 탑승을 허용하지 않기로 결정했습니다.

대통령 전용기 탑승은 외교, 안보 이슈와 관련하여 취재 편의를 제공해오던 것으로, 최근 MBC의 외교 관련 왜곡, 편파 보도가 반복되어온 점을 고려해 취재 편의를 제공하지 않기로 하였습니다.

MBC는 자막 조작, 우방국과의 갈등 조장 시도, 대역임을 고지하지 않은 왜곡, 편파 방송 등 일련의 사태에 대해 어떠한 시정조치도 하지 않은 상태입니다. 이번 탑승 불허 조치는 이와 같은 왜곡, 편파 방송을 방지하기 위한 불가피한 조치임을 알려드립니다.

이정은 기자의 보고를 받은 박성호 보도국장이 급하게 내게도 알려왔다. 처음 든 생각은 황당함이었다. 윤석열 정부 출범 이후 MBC는 여러차례 황당한 상황을 겪었지만 이번이 가장 황당했다. 대통령 전용기가 대통령 개인의 것인가? 엄연히 세금으로 운영되는 것인데 대통령실이 무슨 근거로 특정 언론사 기자에게 '타라, 마라' 할 수 있나? 이런 결정은 누가 한 것일까? 설마 대통령 본인이 직접 지시한 것인가?

「스트레이트」에서 대통령실에 천공과의 관계를 묻는 질의서를 보낸 후 이런 결정이 내려졌다는 것을 나는 나중에 보고를 듣고 알게 됐다. 질의서가 탑승 불허 조치의 직접적인 계기가 된 것인지는 확실하지 않다. 그러나 대통령이 직접 내린 결정이라는 것은 분명했다. 윤 대통령은 다음 날 출근길 도어스테핑에서 이를 시인했다. 이정은 기자가 『기자협회보』에 기고한 글 「전용기 문이 닫히더니, 대통령실 문도 닫혔다: 〔기고〕 우리는 왜 대통령 전용기를 타지 못했나」의 한 대목을 인용한다.

한밤중에 날아든 소식에 전화기가 바빠졌다. 회사에 알리고, 조작된 것 아니냐고 묻는 타사 기자들에 '맞다'고 확인해주고 당장 민항기 표를 구해서 이동할 수 있는지 상황을 파악해야 했다. 대통령실 기자단이 들어 있는 SNS 대화방은 혼란스러웠다. '욕이 나온다' '해외토픽감이다' 등 일부 타 매체 기자들의 격한 반응도 올라왔다. 대통령실 내부에서 누가 이런 제안을 했느냐, 설마 대통령이 알고 있겠느냐 개인적으로도 문의가 빗발쳤다. 날이 밝자 출근길에 나선 대통령이 이렇게 말했다. "세금을 써가며 이런 해외 순방을 하는 것은 그것이 중요한 국익이 걸려 있기 때문입니다. 취재 편의를 제공해온 것이고, 그런 차원에서 받아들여주시면 되겠습니다." 그렇다. 이건 윤석열 대통령의 결정이었다.•

'전용기 탑승 불허' 소식은 단숨에 빅뉴스가 됐다. 여론은 대부분 MBC 편이었다. 한국기자협회, 방송기자연합회, 전국언론노동조합, 서울외신기자클럽, 한국신문협회 등 주요 언론단체들이 일제히 대통령실을 비판하고 탑승 불허 조치 철회를 요구하는 성명을 발표했다. 그러나 대통령실은 꿈쩍도 하지 않았다. MBC는 일단 급히 민항기 편으로 기자들을 보내기로 했다. 『한겨레』와 『경향신문』 기자들은 대통령실에 항의하는 뜻으로 전용기 탑승을 거부하고 MBC 기자들과 함께 민항기로 취재를 떠났다.

중요한 것은 다음 스텝이었다. 모두들 MBC가 어떤 대응을 할지 궁금해했다. 예전 같으면 보도본부장이 청와대 홍보수석과 만나서 '적당히 유감을 표하고 선처를 바라는 식'으로 갈등 봉합을 시도했을 것이다. 그러나 나는 그런 식의 미봉책은 처음부터 염두에 두지 않았다. 대통령이 명백히 언론자유를 제한하는 조치를 지시한 만큼 MBC도 법과 원칙에 맞는 정공법으로 대응해야 한다. 기자들도 경영진이 정정당당하게 맞서주기를 원하고 있었다. 여러 사람의 조언을 구한 뒤 내가 내린 결정은 '헌법소원'이었다. 11월 11일, 「뉴스데스크」를 통해 헌법소원심판 청구 방침을 밝히고 취지를 설명하도록 했다.

문화방송은 MBC 기자들을 대통령 전용기 탑승에서 배제한

● 「전용기 문이 닫히더니, 대통령실 문도 닫혔다: (기고) 우리는 왜 대통령 전용기를 타지 못했나」, 『기자협회보』 2022년 11월 22일.

대통령실의 조치가 언론의 자유라는 국민의 기본권을 침해한 것으로 보고, 헌법소원 등 법적 대응에 나서기로 했습니다.

문화방송은 입장문을 통해, "대통령 전용기는 취재진에 대한 편의제공 수단이 아니라, 그 자체로 중요한 취재 현장"으로, "탑승 배제가 공권력이라는 이름으로 전례가 된다면, 앞으로 어떠한 기본권 침해도 막을 수 없다"고 이유를 밝혔습니다.●

그러나 11월 18일 동남아 순방에서 돌아온 윤 대통령은 도어스테핑에서 더 심각한 발언을 내놓았다. "MBC에 대한 전용기 탑승 배제는 (MBC가) 우리 국가안보의 핵심축인 동맹관계를 사실과 다른 '가짜 뉴스'로 이간질하려고 아주 악의적인 행태를 보였기 때문에, 대통령의 헌법수호 책임의 일환으로서 부득이한 조치였다"●●는 것이다. 지금까지는 '취재 편의 제공을 더이상 하지 않는다'는 것이었는데 아예 '헌법 수호를 위해서였다'는 희한한 논리로 바뀌었다. MBC 기자를 전용기에 태우면 위헌이라는 것인가? 대통령이 취재의 자유를 제한하는 것이야말로 위헌이 아닌가?

현장에서 이기주 기자가 윤 대통령에게 바로 질문했다.

"MBC가 뭘 악의적으로 했다는 거죠? 뭐가 악의적이에요?"

윤 대통령은 답하지 않고 자리를 떴다. 이어 이기정 홍보기획비서관이 "들어가시는 분에게 예의가 아니지"라고 나무라자 이 기자

● 「MBC, 전용기 탑승 배제에 헌법소원 등 법적 대응」, MBC, 2022년 11월 11일.

●● 「尹 "MBC 배제, 가짜뉴스로 동맹 이간질 … 악의적 행태"」, YTN, 2022년 11월 19일, https://www.youtube.com/watch?v=o3EvJc-5M1g (2023년 8월 16일 검색).

가 "질문도 못해요?"라고 되물으며 설전이 벌어졌다. 그리고 다음 날 도어스테핑은 중단됐다.

이 사건을 계기로 이기주 기자는 국민의힘과 보수진영으로부터 끔찍한 인신공격을 당했다. 국민의힘 의원들은 방송에 나와 이 기자가 "대통령에게 난동을 부렸다" "어디서 배운 버르장머리냐"고 막말을 퍼부었다. 이 기자는 특히 슬리퍼를 신고 있었다는 이유로 "예의범절 모르는 기자"라고 집중 비난을 받았는데, 당시 현장에 있던 기자들의 상당수가 슬리퍼를 신고 있었다는 사실은 언급되지 않았다. 급기야 11월 21일에는 일간베스트(일베) 게시판에 '내가 총대 메고 MBC 기자 죽인다'는 글이 올라왔다. 글쓴이는 이 기자의 사진을 올려놓고 '당장 MBC에 찾아가 죽이겠다'며 충격적인 살인 테러를 예고했다. 경찰이 수사에 나섰지만 결국 범인은 검거되지 않았다. 이기주 기자는 당시 욕설과 협박에 시달리던 심정을 "정상적인 사고방식으로는 읽을 수 없는 혐오와 저주의 메일이 메일함을 가득 채웠다. 스트레스로 인해 영혼이 파괴되는 것 같았다"고 페이스북에 토로했다.

한달 뒤인 12월 26일, 'MBC 대표이사 박성제' 이름으로 대통령실 조치가 위헌인지 판단해달라는 헌법소원심판이 청구됐다. 헌법재판소가 어떤 결정을 내릴지 아무도 모른다. 그러나 헌법소원이라는 우리의 대응에 대통령실이 긴장한 것은 틀림없어 보인다. 그 이후 해외 순방에는 MBC 기자들의 전용기 탑승을 막지 않았기 때문이다. 대통령실은 "상황 변화는 없지만 통 크게 결단했다"면서 선심 쓰듯 말했다. 그러나 언론계 전체의 강한 반발과 위헌

결정이 내려질 경우 발생할 심각한 상황을 우려했을 것이라고 생각한다.

탈세, 횡령, 배임, 임금 체불, 노조탄압 하는 사장?

'MBC 죽이기'에 동원된 첫번째 칼은 국세청이었다. 2022년 11월 11일, 국세청은 석달간의 대대적인 세무조사 끝에 MBC에 무려 520억원에 이르는 추징금을 내라고 통보했다. 추징금 중 가장 큰 항목은 MBC가 2018년 여의도 사옥 부지를 매각하면서 법인세를 일부 누락했다는 이유로 부과된 4백억원이었다. MBC가 사장과 임원들에게 현금으로 준 업무추진비를 비용으로 처리한게 회계 처리상 잘못됐다면서 5억원의 밀린 세금을 내라는 통보도 포함됐다.

이 가운데 여의도 부지 매각 건은 MBC 입장에서 도저히 수용할 수 없는 사안이었다. 당시 최승호 사장과 경영진은 세무법인의 계산에 따라 성실하게 세금을 신고해 납부했고, 심지어 국세청과 한국회계기준원에 공문을 보내 문제가 없는지 질의까지 했기 때문이다. 당시 국세청은 '문제 없다'는 취지의 답변을 보냈었는데, 4년 만에 180도 입장이 바뀐 것이다.

더 심각한 문제는 기업의 영업상 비밀에 해당되는 내용이 언론에 흘러들어갔다는 것이었다. 보통 기업의 정기 세무조사 결과는 공개되지 않는다. 국세청이 추징금을 부과했을 때 기업이 수용하면 세금을 납부하고, 수용할 수 없는 경우 소송으로 가기 마련이다. MBC 역시 추징금 부과 직후 조세심판원에 제소했고 현재 소송이 진행 중이다. 그러나 국세청 세무조사 결과가 『동아일보』 기자에게 흘러들어갔고 『동아일보』는 '단독'이라는 제목을 붙여 기사를 냈다. 이 기사에는 '세금 탈루' '분식회계' 등의 단어가 등장했다. 어느 모로도 MBC 경영진이 고의적으로 탈세를 저지른 것으로 읽힐 가능성이 높았다. 누가 봐도 'MBC 흠집내기'를 위한 국세청과 『동아일보』의 합작품으로 의심할 만한 것이었다.

이뿐만이 아니었다. 대안연대라는 단체가 'MBC 전·현직 경영진이 업무추진비 20억원을 사적으로 유용했다'고 주장하면서 업무상 횡령과 배임 혐의로 경찰에 고발하고 이를 언론에 알렸다. 고발장을 확인해보니 근거는 오로지 『동아일보』 기사뿐이었다. 대안연대 대표는 『조국 흑서』라는 별칭으로 널리 알려진 『한번도 경험해보지 못한 나라』(천년의상상 2020)의 공동저자인 단국대 서민 교수다.

기업이 비용을 현금으로 집행할 경우 정확하게 세금을 내면 그만이다. MBC 경영진 역시 원천징수를 통해 투명하게 세금을 납부해왔다. 단지 회계 처리상 이슈로 추징금이 부과된 것이다. 최근 주목받는 윤석열 검찰총장 시절 특수활동비 292억원 역시 현금으로 지급된 것이다. 더구나 검찰 특활비는 국민의 세금에서 나온 것인데 서민 교수는 왜 이것은 문제삼지 않는지 궁금할 따름이다.

두번째 칼은 고용노동부였다. 작년 10월 26일부터 두달 동안 특별근로감독을 벌인 노동부는 올해 1월 10일 그 결과를 발표했는데, 내용이 자못 심각해 보였다. MBC가 9억 8천여만원의 임금을 체불하고, 임신한 여직원들에게 시간외근무를 시켜 모성보호법을 위반했다는 것이다.

'임금 체불'의 구체적 혐의를 살펴보자. MBC는 2000년대 초부터 '사회문화체험'이라는 제도를 운영하고 있다. 모든 직원은 5년마다 한달씩 원하는 곳으로 해외출장을 떠나 자유롭게 외국 문화를 체험하고, 그 대신 연차휴가 수당은 일정액만 받는 제도다. 365일 돌아가는 방송 탓에 휴가를 다 못 쓰는 직원들에게 재충전할 기회를 주고, 회사는 재정적 부담을 줄이자는 취지에서 노사합의로 20년 넘게 시행돼왔다. 그런데 노동부는 연차수당을 전액 지급하지 않고 상한을 정한 것이 '임금 체불'이라고 못박았다. 몇몇 다른 언론사에서도 비슷한 제도를 시행하고 있었지만 노동부는 유독 MBC만 문제삼았다.

모성보호법 위반 혐의도 납득하기 힘들었다. 노동부가 출산휴가를 간 여직원들의 직전 9개월간 시간외수당 수령 자료를 다 뒤져서, 임신 초기에 수당을 받은 10여명을 찾아낸 것이었다. 임산부가 시간외근무를 하려면 노동부장관 허가를 받아야 하므로 불법이라는 논리였다. 해당 직원들은 대부분 기자, PD, 아나운서 등 방송 현업 종사자들이었는데, 임신 초기에 본인이 임신 사실을 알지 못했거나, 방송을 펑크내지 않기 위해 어쩔 수 없이 일한 것이라고 말했다. 노동부가 자신의 출산 관련 기록을 뒤진 것을 뒤늦게 안 뒤 충격을 받은 직원들도 있었다.

보통 특별근로감독은 심각한 노사분규나 직장 내 괴롭힘 등이 발생한 사업장이 대상이 된다. 노사 갈등이 없는 MBC가 타깃이 된 것은 누가 봐도 상식적인 행정이 아니었다. 더구나 임금 체불이 발생하더라도 해소되면 경영진은 형사처벌이 면제되거나 약식 기소 되는 것이 관례라고 한다. 당연히 MBC도 6백여명의 직원에게 즉시 연차수당을 다시 지급하는 등 노동부 지적 사항을 모두 이행했다. 그러나 노동부는 나를 근로기준법 위반 혐의로 검찰에 넘겼다. 처음부터 목표는 MBC 사장인 나였던 것은 아닐까?

MBC에 대한 공격과는 별도로 사장 개인에 대한 흠집내기 작업도 계속 진행되고 있었다. 이 작업은 일정한 패턴이 있었다. 먼저 MBC 내 소수 노조인 제3노조가 의혹을 제기하면, 국민의힘 의원이 공개적으로 나를 비난하고, 보수 언론이나 유튜브 채널이 의혹을 확산시켜 여론을 만드는 방식이었다.

2020년 사장 임기 첫해, 사내 여러 부문에서 강남 쪽에 업무 공간이 필요하니 임대 사무실을 마련해달라고 요청했다. 논의 끝에 비싼 임대료를 내는 것보다 차라리 작은 건물을 구입하는 게 낫다는 결론이 나왔다. 논현동에 적당한 건물을 구입한 뒤 몇달 동안 리모델링했다. 1층부터 5층은 다양한 업무 공간을 만들고 꼭대기 6층은 각종 행사를 할 수 있는 리셉션룸으로 꾸몄다. 그곳에 내가 해직 시절 만들었던 스피커의 최초 작품을 기증했다. 평생 기념으로 삼아 간직하려던 스피커였지만 회사에 기증하는 것도 남다른 의미가 있겠다는 생각이었다.

그런데 2021년 12월 「놀면 뭐하니?」 제작진이 별생각 없이 그곳에서 촬영을 진행하는 바람에 스피커가 화면에 노출됐다. 그곳은 행사용으로만 사용하도록 사내 지침이 내려졌지만 제작진이 이를 미처 전달받지 못해서 벌어진 일이었다. 임기 내내 나를 공격하던 제3노조는 '박성제 사장이 김태호 PD에게 스피커를 홍보하도록 지시한 게 아니냐'면서 업무상 배임으로 나를 고발했다. 나는 2017년 복직하면서 스피커 사업에서 일찌감치 손을 떼고, 함께 일하던 직원에게 사업자 명의를 넘겼기 때문에 스피커를 홍보할 필요가 전혀 없었다. 그러나 국민의힘은 심지어 공식 성명까지 동원해 내가 방송을 사유화했다고 비난하며 이슈화를 시도했다. 물론 근거는 제3노조의 성명이었다.

> 지금은 박성제 사장이 업체 대표직에서 물러나 있다고는 하지만 지분 관계나 사장 퇴임 후 어떤 행보를 할지 모르는 상황에서 박성제 사장의 스피커를 지속적으로 방송에 노출시킨다는 것은 방송을 개인의 사익 추구에 이용한 '방송의 사유화'에 다름없다. (…)
> 박성제 사장은 지금이라도 반성하고 모든 것을 원래의 위치로 돌려놓고, 사퇴하는 것이 바람직하다.[•]

스피커 회사는 주식회사가 아닌 개인사업체였다. 나는 명의를 이전한 만큼 지분이 있을 수 없었다. 퇴임 후 스피커 사업을 다시 할 생각이 없다고 여러차례 밝히기도 했다. 그러나 제3노조와 국

• 국민의힘 중앙선거대책위원회 미디어본부 성명, 2021년 12월 29일.

민의힘에 배임의 '증거'는 필요하지 않은 듯했다. 일단 의혹을 제기하고서는 내게 비리가 있는 것처럼 여론을 만들면 그만이었다.

총대는 경찰이 멨다. 서초경찰서가 제3노조의 고발장 하나로 무려 6개월간이나 수사를 벌였다. 「놀면 뭐하니?」 작가와 PD 들은 물론이고 예능본부 간부들까지 줄줄이 소환돼 조사를 받았다. 내가 순수한 뜻에서 회사에 기증한 물건이 나 자신을 공격하는 부메랑이 된 것이다. 나는 스스로 억울하기도 했지만 죄도 없이 경찰에 불려가 조사를 받은 제작진들에게도 미안한 마음을 금할 수 없었다. 그러나 공식 대응을 하지 않았다. '진실 공방'이 증폭되는 것이야말로 오히려 의도에 말려드는 것이라 생각했기 때문이다.

'MBC 사장의 스피커 배임 사건은' 사장을 그만두자마자 무혐의 처리로 종결됐다. 만약 연임이 됐다면 여전히 나는 배임 혐의로 수사받는 공영방송 사장이 됐을 거라고 생각한다.

연임 도전과 좌절

공영방송 사장이라는 자리의 무게감은 거의 '장관급'이다. KBS, MBC 사장은 어느 행사를 가든 앞줄에 앉고, 늘 축사를 하며, 정관계 고위 인사들과 대등하게 악수를 나눈다. 그만큼 처신도 무겁게 해야 한다. 누가 그러라고 조언한 적은 없었지만 MBC 사장에게는 '청렴의 의무'도 부여된다고 나는 믿었다. 임기 동안 주식 투자나 펀드 가입도 하지 않았고, 업무용 차량도 고급 세단 대신 승합

차를 타고 다녔다. 업무추진비는 늘 비서가 관리하게 했고 한푼도 개인적으로 쓰지 않았다. 퇴임 후에는 언론인으로서의 삶을 정리하고, 홀가분하게 자유로운 제2의 인생을 살리라 늘 생각했다. 음악과 영화, 책에 파묻혀 지내면서 여행도 마음껏 다니고 싶었다.

그러나 퇴임이 다가오면서 조금씩 머리가 복잡해졌다. 'MBC 죽이기'의 칼날이 갈수록 날카롭고 흉포해지고 있었기 때문이다. 2022년 12월 12일 박성중 국민의힘 의원은 대한민국언론인총연합회 창립준비위 축사에서 사람들이 귀를 의심할 만한 발언을 했다.

"우리는 [집권] 6개월이 지났는데, 아무것도 못 하고 있다."

"누군가 책임지고 뭔가 해야 되는데, '법'과 '합리적'이라는 이름하에, 아무것도 못 하고 있다."

"KBS 7 대 4, (…) 하나도 못 먹고 있다. MBC 6 대 3, (…) 하나도 못 먹고 있다."•

KBS, MBC 이사회에 문재인 정부 시절 임명된 이사들이 더 많아서 여당이 원래 먹어야 할 자리를 '하나도 못 먹고 있다', 그러니 '법과 합리성'에 어긋나더라도 책임지고 밀어붙여 이사회 과반을 확보해야 한다는 얘기였다. 불법적이든 비합리적이든 어떠한 수단을 동원해서라도 공영방송을 장악해야 한다는 의도를 노골적으로 드러낸 것이다. 집권 여당의 미디어정책을 총괄하는 국회 과방

• 「박성중, KBS·MBC 이사진 비율 언급 "하나도 못 먹고 있다" 발언 파문」, 『미디어오늘』 2022년 12월 13일.

위 간사의 공개 발언이었다는 점에서 더욱 충격적이었다.

박성중 의원을 비롯한 국민의힘 관계자들은 일주일에도 몇번씩 MBC를 '민주당 방송' '가짜 뉴스' '조작 방송'이라고 비난했다. 사장과 기자들을 고발한 뒤 빨리 수사하라고 공개적으로 압박했다. 국회의원 면책특권을 활용한 악의적인 명예훼손이었다. 국민의힘 지도부 회의에서 '기업들은 MBC 광고를 중단해야 한다'는 반헌법적 발언까지 등장했다. MB 정권 방송장악의 장본인 이동관 씨가 차기 방통위원장으로 내정돼 있다는 흉흉한 소식도 들려왔다.

우리가 어떻게 '만나면 좋은 친구'로 돌아왔는데…… 지난 5년간 하나씩 쌓아올린 신뢰의 탑을 무너뜨릴 수는 없었다. 대통령 눈치만 살피면서 세월호 유족을 모욕하고, 집회에서 욕받이가 되던 그 시절로 돌아갈 수는 없었다. 권력의 칼을 막아낼 방패를 사장이 들어야 하는 시기였다. 싸움을 앞두고 달아나는 장수가 될 수는 없었다.

나는 결국 연임에 도전하기로 결심했다. 중간에 잘리더라도 버틸 수 있을 때까지 버티면서 후배들을 지켜야 한다. 연임을 포기하는 것은 책임을 회피하는 것이다. 1월 13일 페이스북에 다시 출사표를 썼다. 정확히 3년 만이었다.

3년 전 중책을 맡게 된 뒤 앞만 보고 달렸습니다. 한국인이 '가장 사랑했던 방송' MBC를 '가장 사랑하는 방송'으로 재건하는 꿈을 위해서였습니다. 그리고 채널 신뢰도에서 전부문 1위에 복귀했습니다. 구성원들이 잠재력을 폭발시킨 결과이자, 시청자 여러분의 성원 덕분입니다.

하지만 지금 MBC를 둘러싼 환경은 심상치 않습니다. 권력과 언론의 긴장 관계는 필요하지만, 지금 MBC는 도를 넘은 압박과 여러 위협을 받고 있습니다. 대통령 발언에 관한 보도로 유독 MBC 기자들만 표적이 되어 수사를 받고 전용기 탑승을 거부당한 사실은 세계적인 뉴스거리가 됐습니다. 여당 의원들은 대놓고 '사장 물러나라'라고 요구하고 기업들에 '광고 중단' 압력을 넣기도 했습니다. 여기에 국세청 세무조사, 노동부 부당노동행위 조사와 특별근로감독, 감사원 감사 등 MBC를 겨눈 전방위 압박이 이어졌습니다.

MBC는 과거에서 많은 교훈을 얻었습니다. 한때 집회 현장에서 중계차를 빼라는 시민들의 야유를 받고 숨어서 방송해야 했던 쓰린 기억이 생생합니다. 어떻게 되찾은 국민의 사랑과 신뢰인데, 다시 추락의 길로 빠져 모든 것을 잃어버릴 수는 없습니다. 불행한 역사가 반복되는 것도 용납할 수 없습니다. 언론자유를 지키려다 겪었던 처절한 희생을 후배들에게 대물림해서는 안 됩니다.

MBC의 새로운 사장에 다시 도전합니다. MBC는 지금보다 더 잘할 수 있고, 더 잘해야만 합니다. 지난 3년간 구성원들과 함께 만들어낸 성과로 평가와 이해를 구하겠습니다. 새로운 꿈과 비전으로 오직 국민만을 바라보며 당당하게 걸어가겠습니다.

연임에 실패할 가능성은 생각하지도 않았다. 두번째 임기가 시작되면 어떻게 MBC를 지킬 것인가만 고심하고 있었다. 그러나 결국 연임 도전은 좌절됐다. 3명의 최종 후보를 가려내는 면접을 거친 뒤, 시민평가단 156명이 투표를 통해 다시 2명을 추려내는 방식이 최초로 도입됐는데 내가 그 관문을 통과하지 못한 것이다.

사장 선임 결과에 놀란 것은 당사자인 나뿐이 아니었다. 가장 유력한 후보라고 불린 내가 왜 탈락했는지 많은 분들이 궁금해했다. 몇몇 언론은 나의 탈락 소식을 '속보'로 전했다. 충격을 받은 후배들의 문자가 쇄도했다. 메시지들을 읽어 내려가는 나의 눈시울은 붉어질 수밖에 없었다.

'너무 당황스러운 결과네요. 지난 3년 MBC를 소생시키고 꿈을 꾸게 한 성과는 우리가, 역사가 기억할 겁니다. 함께할 수 있어서 감사했습니다.'

'스스로 이 상황을 어떻게 받아들여야 할지 모르겠습니다. 회사가 걱정이긴 한데, 선배가 심어놓고 가신 가치가 설마 하루아침에 사라지지는 않겠지요.'

'그동안 고생 많으셨습니다. 선배이자 사장님의 빈자리가 너무 크게 느껴지네요. 감사의 마음 잘 표현은 못해왔지만 이렇게라도 인사드리는 게 도리인 것 같아서 문자로 말씀드립니다. 인생 2막 잘 펼쳐나가시길 기원합니다.'

처음 도입된 시민평가단 시스템에 대해 이런저런 평가가 나오기도 했다. 그러나 평가방식의 장단점에 대해 내가 언급하는 것은 부적절하다. 경기에 진 선수가 룰을 탓할 수는 없는 법이다. 다음 날 나는 결과에 승복하고 부족함을 인정한다는 입장을 밝혔다.

사장이 더 하고 싶어서가 아니라, 'MBC를 지키고 싶어서' 연임하려 했던 나의 계획은 그렇게 멈췄다. 반년이 흐른 지금 나는 최승호 전 사장과 함께 재판을 받고 있다. 제3노조를 탄압했다는 혐의로 검찰이 전·현직 경영진을 기소했기 때문이다. 문재인 정부 때는 모두 무혐의 결정이 났던 사안이지만 정권 교체 후 상황이 180도 바뀌었다.

무죄를 확신하기에 재판 걱정은 하지 않는다. 그보다는 MBC가 더 걱정이다. 우려했던 대로 '방송장악 기술자'였던 이동관이 방송통신위원장이 되어 돌아왔다. 그가 주도하는 공영방송 경영진 교체 작업이 속도를 내는 상황이다. 문재인 정부에서 임명된 권태선 방문진 이사장은 이미 해임됐다가 해임처분 집행정지 신청이 인용되면서 가까스로 해임을 면한 상태인데, 그가 해임된다면 이명박, 박근혜 정권에서 방문진 이사를 두번이나 지낸 차기환 씨가 후임 이사장으로 유력하다고 한다. 그는 '광주 5·18에 북한군이 개입했다'는 주장을 퍼뜨리고, 세월호 유족을 조롱하는 SNS로 물의를 빚었던 극우 보수 인사다. 그가 이사장이 된다면 첫번째 임무는 아마도 내 후임인 안형준 사장을 해임하고 정권이 낙점한 낙하산 사장을 임명하는 것이지 싶다.

나는 은퇴한 언론인으로 평범하고 자유롭게 지내고 싶다는 꿈은 버린 지 오래다. 내게는 사치스러운 꿈이다. 지금은 오히려 해직 언론인으로 다시 돌아간 기분이다. 잊고 싶었던 악몽이 다시 시작되고 있다. 2010년 정권이 엄기영 사장을 사퇴시키고 김재철 사장을 내려보낼 때와 모든 상황이 같다. 그러나 나는 절망과 분노에 익숙하다. 오히려 피 끓는 전투 의지를 느끼고 있다. 다시 가시밭길을 걸으며 힘겨운 싸움을 준비하고 있을 MBC 언론인들에게 작은 힘이라도 보태고 싶다. 후배들이 영리하고 현명하게, 그리고 끈질기게 싸워나갈 것이라 믿는다.

4부

언론, 어떻게 바꿀 것인가

중립, 균형, 객관성의 함정

MBC를 공격하는 사람들의 공통적인 주장 중 하나가 MBC가 '좌파 노영 방송'이라는 것이다. 공영방송은 중립적이고 균형을 지키며 객관적이어야 하는데, MBC 뉴스나 시사 프로그램에는 보수진영보다 진보진영의 입장이 더 많이 반영된다는 얘기다. 노동조합의 힘이 세서 그렇다고 한다. 그러다보니 진보정권보다 보수정권을 더 가혹하게 비판한다고 MBC는 '민주당 방송'이라는 얘기도 듣는다.

중립적인 보도, 균형 있는 보도란 어떤 것일까? 우선 특정 사안이나 이슈를 놓고 찬성과 반대의 주장을 동등하게 전하는 것을 떠올릴 수 있을 것이다. 나는 언론학자가 아니기 때문에 이론보다는 구체적인 사례를 들어 논해보고자 한다.

지난여름, 서울 을지로에서 퀴어축제가 열렸을 때 바로 옆 시청 앞에서는 보수단체들의 반대 집회가 함께 진행됐다. 10년 전만 하더라도 방송사에서 저녁 메인뉴스의 제목은 '도심 퀴어축제 … 치열한 찬반 공방'으로 달아야 했을 것이다. 그때는 그래야 중립적이고 객관적인 보도라는 평가를 받았다. 그러나 올해는 대부분의 언론이 퀴어축제 참가자들의 목소리와 퍼포먼스를 주로 다루고, 반대자들의 주장은 짧막하게 처리했다. 대구에서 열린 퀴어축제를 방해하고 관련 시설을 철거하려 했던 홍준표 시장은 '보수 표를 의식한 성소수자 혐오 조장'이라는 비판을 받았다. 우리 사회에 아직 동성애를 못마땅해하는 시선이 많이 남아 있지만, '성소수자의 권리는 보호돼야 하고, 성소수자를 혐오하면 안 된다'는 것은 이제 합리적·상식적인 주장이 된 것이다.

'정치적 중립'이라는 개념도 자주 쓰인다. 2014년 8월 한국을 방문했던 프란치스코 교황은 세월호 유족을 만난 뒤 가슴에 노란 리본을 달았다. 누군가 정치적 중립을 위해 세월호 리본을 떼는 게 좋겠다고 조언했다고 한다. 그러나 교황은 이렇게 말했다.

"중립적이어야 한다고 말하는 사람도 있었지만 인간의 고통 앞에 중립은 없습니다."

그날 저녁, TV조선을 포함한 모든 방송사가 메인뉴스에 교황의 발언을 보도했지만 MBC「뉴스데스크」에서는 리포트를 찾아볼 수 없었다. 그때 MBC 뉴스를 지휘했던 사람들이 지금 MBC 뉴스가

'편파적'이라고 욕하고 있다.

군이 '기계적'이라는 말을 덧붙이지 않더라도 '중립성'은 피상적일 뿐 아니라 비현실적인 개념이다. '객관성' 역시 마찬가지다. 구체적인 사안에서 1백퍼센트 객관적인 보도는 가능하지도 바람직하지도 않다. 어떤 기자들은 검사의 말을 듣고 기사를 쓰는 것이 객관적인 보도라고 생각할 것이다. 나는 그냥 '받아쓰기'라고 생각한다. 그런 받아쓰기는 보도자료를 받고 요약해서 쓰는 거나 똑같다. 앞으로 그런 기사는 기자가 아니라 AI가 담당하게 될 것이다.

힘과 권력을 가진 사람들이 언론에 '중립'이나 '객관성'을 강조할 때는 의도가 숨어 있는 경우가 많다. 비판 언론에 재갈을 물리려는 의도 말이다. '고통 앞에 중립은 없다'고 한 프란치스코 교황의 말은 언론인들에게도 유효하다. '진실 앞에 중립은 없다.'

필리핀에서 언론자유를 위해 일생을 바치고 노벨평화상을 수상한 언론인 마리아 레사의 신념을 인용해본다. 그는 저서 『권력은 현실을 어떻게 조작하는가』에서 '객관적인 언론'이 아니라 '좋은 언론'이 더 중요하다고 말한다.

객관적인 언론인 같은 건 없다. 이를 부정하는 사람이 있다면 그 사람은 거짓말을 하는 것이다.

사람들이 '객관성'이라는 말을 쓸 때 무엇을 말하고자 하는지를 분명히 밝히는 게 중요하다. 주로 언론인이 정직하지 못하거나 편향되어 있다고 공격할 때 이 말을 사용하기 때문이다. 내가 '객관성'이라는 말에 유독 강하게 반응하는 건 이런 이유에서다. 언론인에 대해 이야기할 때면 나는 언제나 '객관적'이라는 말 대신 '좋은'이라는 말을 수식어로 쓴다.

좋은 언론인은 균형을 찾지 않는다. 예를 들어 어떤 지도자가 전쟁 범죄를 저지르거나 시민들에게 노골적인 거짓말을 하고 있는데도 균형을 찾는다면, 그것은 거짓 등가성의 오류로 귀결될 뿐이다. 언론인이 권력자를 대할 때 '균형 잡힌' 방식으로 기사를 쓰는 게 더 쉽고 안전하다. 하지만 이는 비겁한 사람의 탈출구일 뿐이다. 예를 들어, 좋은 언론인은 기후변화를 부정하는 사람들과 기후변화를 연구하는 과학자에게 똑같은 시간과 지면을 할애하지 않는다.[•]

마리아 레사가 언급한 '거짓 등가성의 오류'라는 개념을 주목할 필요가 있다. 『한겨레』 박용현 논설위원이 잘 설명해놓은 칼럼을 인용한다.

사물이나 사안들 사이의 본질적 차이점에 눈감고 일부 형식적 유사점만 내세워 동등하게 취급해버리는 논리적 오류인 '거짓 등가성'. 사과와 오렌지는 모두 과일이고 둥글게 생겼으니 맛도 같을 것이라든가, 진화론과 창조론은 모두 생명과 인류의 기원을 설명하는 방식이니 대등하게 다뤄야 한다는 식이다. 황당하기 그지없지만, 현실에서 심심찮게 접하게 되는 오류다. 인

• 마리아 레사 『권력은 현실을 어떻게 조작하는가』, 김영선 옮김, 북하우스 2022, 114면.

종차별주의자들의 폭력시위와 이에 반대하는 맞불시위를 두고 '양쪽의 증오와 편견' 운운한 도널드 트럼프 대통령의 발언 같은 게 대표적 사례로 꼽힌다.[*]

가해자와 피해자, 피고와 원고, 합리와 불합리의 차이점을 무시하고 대등하게 다루는 보도는 결코 '좋은 보도'가 아니다. 좋은 언론인은 중립과 객관성의 함정에 빠져서는 안 된다. 시청자와 독자의 판단을 위해 시시비비를 가려줘야 한다. 어느 쪽 입장이 더 진실에 부합하는지, 더 합리적인지, 더 상식적인지 끊임없이 취재하고 기사에 반영해야 한다. 그렇다면 중립의 함정을 피하고 진실에 다가서기 위해 언론인들은 어떤 노력을 해야 할까? 마리아 레사는 언론인들의 직업적 훈련과 판단, 용기가 중요하다고 강조한다.

좋은 언론인은 증거에, 반박의 여지가 없는 사실에 의지한다. 좋은 언론이란 강력한 규범 및 윤리 지침의 통제 아래 뉴스룸에서 실행되는 직업적 훈련과 판단의 결과다. 이는 권력자로 인해 곤경에 처하더라도 용기를 가지고 증거를 보도한다는 뜻이다. **공정**과 **균형**이라는 말이 이 맥락의 바깥에서 사용되는 것은 위험하다. 흔히 기득권을 가진 사람들이 이 말을 탈취하기 때문이다.[**] (강조는 원문)

[*] 박용현 「채널A와 MBC, '거짓 등가성'의 오류」, 『한겨레』 2020년 5월 6일.
[**] 마리아 레사, 앞의 책 114~15면.

'반박의 여지가 없는 사실'에 의지해야 한다는 말은 결국 '진실'이 가장 중요한 원칙이라는 얘기다. 그렇다면 좋은 언론인이 통제받아야 할 '강력한 규범과 윤리 지침'은 무엇일까. 진실 보도를 위한 정직함, 투명성, 용기, 합리성, 그리고 민주주의에 대한 신념 등이 규범과 윤리가 돼야 할 것이다. 중립과 균형, 객관성이 아니라.

그렇다면 좋은 언론은 어떤 사명을 추구해야 하는가. 많은 언론인들이 '권력을 감시하고, 사회적 약자를 대변해야 한다'고 말할 것이다. 대한민국에서는 그것만으로는 좀 부족하다. 마치 '학생은 공부 열심히 해야 한다'는 말과 비슷하게 들린다. 나는 거기에 '인권을 수호하고, 전쟁이 아닌 평화를 지향하며, 지구 환경을 지켜야 한다'는 사명을 더하고 싶다. 적어도 공영방송 MBC의 언론인이라면 그 정도는 마음에 새기고 일해야 한다고 판단했고 그런 신념으로 뉴스를 만들었다.

MBC가 다른 언론에 비해 세월호, 이태원 참사 유족의 목소리를 더 많이 전하고, 남북문제에서 힘의 대결이 아닌 평화적 협상에 무게를 두며, 노동자들의 권리를 옹호하고, 4대강 사업의 환경 파괴, 후쿠시마 오염수 방류의 위험성을 열심히 취재해온 것은 그런 조직문화 속에서 기자들이 훈련받았기 때문이다. 노동조합이 요구하지 않아도 MBC의 언론인들은 그렇게 뉴스를 만들고 시사 프로그램을 제작한다. 진보정권이 들어서든 보수정권이 들어서든 마찬가지다.

MBC는 자신을 비판하는 목소리도 경청해야 할 것이다. 제조

회사에서 불량품이 생기는 것처럼 언론사 역시 오보의 위험을 피할 수는 없다. 진실이 아닌 보도, 일방적 주장만 전하는 보도로 피해자가 생겼다면 진솔하게 사과하고 반론·정정 보도를 해야 하며, 때로는 법적인 처벌까지 각오해야 한다. 그러나 대통령, 영부인, 장관, 국회의원 등의 최상위 권력층이 스스로 명예훼손 피해자라고 주장하며 MBC 기자들을 고소, 고발하는 지금의 상황은 언어도단이다. 언론은 정치인이나 공직자의 주장이 진실에 부합하고 합리적인지 '검증'해야 하는 의무가 있기 때문이다. 게다가 그들이 언론을 상대로 해명이나 반론을 제기하면 언론 역시 충실히 보도해준다. 그들은 잘못된 보도로 명예가 훼손됐다 하더라도 명예 회복의 기회를 충분히 부여받는 것이다. '바이든'이 아니라 '날리면'이었다는 대통령실 주장 역시 다음 날 MBC를 포함한 모든 언론에서 주요 뉴스로 처리됐다.

결국 '좋은 언론'이냐 아니냐의 판단은 시청자와 독자가 내리는 것이다. 소비자의 권리의식이 높아지고 상품·서비스에 대한 정보가 넘쳐나는 요즘, 한순간의 잘못이나 부적절한 대처로 위기에 빠지는 기업들이 많다. 뉴스 역시 정보를 제공하는 서비스로 본다면, '불량한 정보'는 금방 식별되고 팩트체크 당한다. MBC는 그 함정을 하나씩 돌파해오면서 결국 국내 미디어 중 신뢰도 1위에 자리에 올랐다. 일부에서 MBC 보도가 편파적이고 균형을 잃었다고 아무리 비난해도 시청자들은 누구 말이 맞는지 이미 판단을 내리고 있는 것이다.

방송장악 기술자 이동관, 사령관이 되어 돌아오다

언론을 통제하고 싶어하는 것은 권력의 속성이다. 우리나라에서는 보수정권이 들어설 때마다 유난히 언론통제 시도가 노골화됐다. 특히 윤석열 정부와 국민의힘은 '방송을 장악하지 못하면, 그중에서도 MBC를 장악하지 못하면 정권은 실패한다'는 인식을 갖고 있는 듯하다. 그러한 인식의 뿌리는 이명박 정권 시절부터 시작된다.

2007년 대선 당시 이명박 후보의 'BBK 실소유주 의혹'이 최대 이슈로 떠오르자 이를 정면으로 다룬 방송은 MBC뿐이었다. 대부분의 언론이 지지율 1위 후보의 비리 의혹을 검증하는 데 주저했기 때문이다. 당시 한나라당은 MBC 보도를 두고 '이명박 후보를 낙선시키려는 악의적인 헐뜯기'라고 맹비난했다. 이명박 캠프의 한 인사는 MBC 간부를 만나 '집권하면 MBC를 가만두지 않겠다'고 협박성 발언을 하기도 했다. 결국 이명박 후보는 대통령이 됐지만, 2018년의 다스, BBK 의혹 재수사를 통해 횡령과 뇌물 혐의로 17년형을 선고받았다.

2008년 4월, 이명박 정부가 미국산 쇠고기에 대해 30개월 이상의 쇠고기는 물론 뇌·척수·머리뼈 등 특정위험물질[SRM]까지 수입하기로 하면서 국민들의 비판이 거세졌다. 대대적인 촛불집회가 계속되고 대통령 지지율은 10퍼센트대까지 추락했다. 처음에 대국민 사과와 함께 미국과의 재협상에 나서는 등 눈치를 보던 정부가 촛불집회가 잦아들면서 '광우병 괴담'의 진원지로 MBC 「PD수첩」을 지목하자 검찰은 제작진을 체포하는 등 강제수사에 돌입했다. 명예훼손 혐의로 기소된 제작진은 추후 모두 무죄판결을 받았다. 그러나 이명박 정부는 본격적인 MBC 장악 작업에 착수한다. MBC를 컨트롤하지 못하면 다시 정권이 위험해질 수 있다는 위기감 때문이었다.

2010년 2월 MBC 대주주 방문진은 압박을 가해 엄기영 사장을 사퇴시키고, 이명박 대통령과 오래전부터 친분이 두터웠던 김재철 씨를 신임 사장으로 선출한다. 그 직후인 3월 2일, 국가정보원은 「MBC 정상화 전략 및 추진 방안」이라는 13페이지짜리 문건을 만들어 청와대에 보고했다. MBC를 어떻게 바꿔야 하는지 상세하게 명시한 시나리오가 담겨 있었다.

1단계: 간부진 인적 쇄신·편파 프로 퇴출
2단계: 노조 무력화 및 조직개편으로 체질 변화 유도
3단계: 소유구조 개편 논의로 언론 선진화 동참●

마지막 단계로 민영화까지 거론하는 등 구체적인 MBC 장악 계획이 담긴 이 문건의 작성을 지시한 인물은 원세훈 국가정보원장이었다. 문건이 전달된 곳은 청와대 홍보수석실. 그리고 홍보수석은 이동관 씨였다. 이 문건은 2017년 서울중앙지검의 국가정보원

● 「MBC노조 "국정원 문건 내 지침 대부분 실행됐다"」 『연합뉴스』 2017년 9월 20일.

수사를 통해 그 존재가 드러났는데, 당시 검찰 조사를 받았던 국정원 정보요원들의 진술은 가히 충격적이다.

국정원 정보담당관 J씨 검찰 진술

문 구체적으로 작성 시기와 결재 시기에 관해 말해보세요.

답 2010년 2월 16일경 당시 국정원장이었던 원세훈이 MBC 정상화 전략에 관한 보고서를 작성하라고 지시하였고 (…)

문 원세훈이 지시한 내용은 무엇인지 아나요?

답 'MBC가 종북 좌파로 물들어 있다. 김미화, 김제동 등 문제 있는 방송인들이 너무 많다. (…) MBC 경영 또한 방만하다고 하니 문제점과 해결방안을 모색하여 보고서를 작성해봐라.'라는 취지로 지시한 것으로 기억됩니다.

(…)

문 문서 작성 시부터 청와대 홍보수석실로 보내질 것이라는 점은 알고 있었다는 것이지요?

답 네, 당연히 (…) 홍보수석실로 가는 겁니다. (…) 문건의 내용을 보면 노조를 견제한다든가, 특정 인물이나 PD를 퇴출시켜야 한다든가…… 등등의 민감한 내용이 있습니다. 그렇기 때문에 외부로 유출되어서는 안 되었고, 국정원에서 흔히 쓰는 스타일이 아니게 작성하였습니다. (…) 당연히 제가 작성한 이 문건이 청와대로 가면, (…) MBC 경영진에게 전파하는 등의 방법으로 지시할 것으로 생각했습니다. (…)

문 청와대에서 MBC 경영진에게 어떤 방법으로 이 문건의
내용을 전파할 것이라고 생각했나요?

답 (…) 이동관 청와대 홍보수석과 김재철 사장이 친한 사이
라고 알고 있었기 때문에 문건 내용이 자연스럽게 전달되지 않
겠나 추측했습니다.

국정원 정보담당관 K씨의 검찰 진술

문 신임 사장을 통해 MBC 내 좌편향 세력을 퇴출시키기 위
한 목적으로 만들어진 것이 맞나요?

답 네, 맞습니다. 그리고 이(문건을 만들라는) 요청이 들어
왔을 때는 신임 사장은 김재철로 거의 굳어진 상태였습니다.
(…) MB 정부에서 김재철을 통해 MBC를 정부 입맛에 맞는 프
로그램 및 출연자들로 채우기 위한 로드맵이라고 보면 정확합
니다. (…)

문 (…) (문건의 내용이) 실제로 이행이 되었는데, 이에 대
하여 알고 있나요? (…) '족보대로 운영되는구나' 하고 생각했
다는 것이 무슨 의미인가요?

답 김재철이 이 문건을 받았을 것 아닙니까. 그에 따라 MBC
를 바꿔나갔다고 생각했다는 것입니다. 이 문건이 바로 족보이
지요. (…) 「PD수첩」 PD들이 인사조치 되거나, (…) 김미화가
교체되거나 할 때마다 '족보대로 가는구나'라고 생각을 했습니
다. (…)

문 (…) 위 국정원 문건은 김재철에게 주기 위한 문건으로 보이는데, 어떤가요? (…)

답 이미 진술했던 것처럼 이 문건은 김재철 읽어보라고 만든 문서입니다. 정확히 숙지한 다음 MBC 경영의 지침으로 삼으라고 만든 것이고 청와대의 의지이지요.[•]

이같은 수사를 통해 검찰은 「MBC 방송장악 관련 청와대 홍보수석실 관련성 검토」라는 제목의 보고서를 만들었다. 이 보고서의 결론은 다음과 같다.

> 문건의 형식 및 내용, 문건의 목적, 문건 실행 주체를 고려할 때 (…) 청와대 홍보수석실이 실질적인 문건 작성 지시자로 추정되며, (…) 홍보수석실에서 국정원을 통해 MBC에 대해 청와대의 지시를 잘 따르는 경영진을 구축하고, 정부를 비판하는 내용의 방송을 제작하는 기자, 피디, 간부진을 모두 퇴출시키고, MBC의 프로그램 제작환경을 경영진이 통제할 수 있도록 하는 등 방송사 장악의 계획을 세운 것으로 판단되기에 이를 보고합니다.[••]

검찰 수사를 통해 밝혀진 것처럼, MBC 장악 임무를 부여받은

[•] 서울중앙지방검찰청 수사보고 「MBC 방송장악 관련 청와대 홍보수석실 관련성 검토」, 2017년 11월 5일.

[••] 같은 곳.

김재철 사장은 '족보대로' 착착 실행해나갔다. '종북좌파 성향'으로 분류된 본·계열사 임원 10여명이 해임됐고, 보도국, 시사교양국 간부들이 대부분 교체됐다. 손석희, 김미화 등 '좌파 진행자'들 역시 마이크를 내려놔야 했다. 뉴스와 시사 프로그램은 순한 양처럼 변해갔고 언론사로서 MBC 신뢰도는 급속도로 추락했다. 2012년, 참다못한 기자회와 노동조합이 들고일어나 공정방송과 사장 퇴진을 내걸고 파업에 돌입하자, 김재철 사장은 노조 집행부와 박성호 기자회장, 최승호 PD와 나까지 6명을 해고하고 2백여 명의 기자, PD, 아나운서, 엔지니어 들을 일터에서 쫓아내버렸다. 이동관 홍보수석 시절, 청와대와 국정원이 계획했던 MBC 장악 작업이 완성된 것이다.

MB 정권에서 망가지고 장악당한 방송은 MBC뿐이 아니었다. YTN에서는 낙하산 사장에 반대하는 파업을 벌이다가 기자 6명이 한꺼번에 해고돼 9년이나 회사를 떠나 있어야 했다. KBS의 경우는 이사회가 정연주 사장을 해임한 직후, 청와대 이동관 대변인과 정정길 비서실장, 최시중 방통위원장 등이 새로운 사장 후보들을 서울 시내 한 호텔로 불러 면접한 사실이 드러나기도 했다. 사장 선출 권한을 가진 KBS 이사회를 무시하고 권력의 최고 실세들이 공영방송 사장 선출에 직접 개입한 사상 유례없는 일이었다.

이동관 씨가 대변인·홍보수석으로 있던 때, 국정원이나 청와대에서 작성된 문서들의 제목만 봐도 언론계에서 그를 왜 '방송장악 기술자'로 부르는지 알 수 있다. 대부분 'MBC 정상화' 문건처럼 2017년 서울중앙지검의 수사를 통해 확인된 문건들이다.

- 「VIP 전화 격려 필요 대상 언론인」, 2009. 8. 24.
- 「YTN 보도 리스트」, 2009. 10. 20.
- 「김제동 등 일부 연예인의 수면마취제 중독설 점검」, 2009. 11. 19.
- 「라디오 시사프로 편파 방송 실태 및 고려사항」, 2009. 12. 24.
- 「방송사 지방선거기획단 구성 실태 및 고려사항」, 2010. 1. 13.
- 「MBC 정상화 전략 및 추진 방안」, 2010. 3. 2.
- 「KBS 조직개편 이후 인적 쇄신 추진 방안」, 2010. 6. 3.

여기서 놓치지 말아야 할 대목이 있다. 방송장악의 주범으로 이동관 홍보수석을 분명히 지목한 당시 서울중앙지검의 수장은 윤석열, 국정원 정치공작의 수사책임자는 한동훈 3차장이었다는 점이다. 당연히 윤석열 지검장과 한동훈 차장에게도 보고서가 올라갔을 것이다. 그러나 검찰은 원세훈 국정원장과 몇몇 간부들만 기소하고 이동관의 혐의는 수사조차 하지 않았다. 이유는 알 수 없다. 그리고 4년 뒤, 이동관씨는 윤석열 후보의 대선 캠프에 합류했다. 윤석열 정부 출범 후에는 인수위 고문, 대통령 언론특보를 거쳐 결국 대한민국의 방송정책을 총괄하는 방송통신위원장으로 금의환향했다. 인사청문회 과정에서 이동관 후보자에 대한 수많은 의혹이 추가로 폭로됐지만 윤석열 대통령은 꿈쩍도 하지 않고 방통위원장 임명을 밀어붙였다.

이동관 씨가 방통위원장으로 지명된 직후인 8월 1일, 기자들 앞에서 했던 말을 상기해보자.

> 선전·선동을 굉장히 능수능란하게 했던 공산당의 신문이나 방송을 저희가 언론이라고 이야기하지 않습니다.●

그가 언급한 '공산당 방송'이 어떤 매체를 가리키는지는 논란의 여지가 없다. 대한민국 대표 공영방송을 '공산당 방송'으로 매도하는 것이 이동관 혼자만의 생각일까? 공교롭게도 윤석열 대통령은 2023년 8·15 광복절 기념사에서 이렇게 말했다.

> 공산전체주의를 맹종하며 조작선동으로 여론을 왜곡하고 사회를 교란하는 반국가세력들이 여전히 활개치고 있습니다. 공산전체주의 세력은 늘 민주주의 운동가, 인권 운동가, 진보주의 행동가로 위장하고 허위 선동과 야비하고 패륜적인 공작을 일삼아왔습니다. 우리는 결코 이러한 공산전체주의 세력, 그 맹종 세력, 추종 세력들에게 속거나 굴복해서는 안 됩니다.●●

우리나라 방송계에서는 앞으로 어떤 일들이 벌어질까? 이미 김

● 「[더뉴스] 이동관 "언론 장악해선 안 돼, 다만 자유엔 책임 따라야"」, YTN, 2023년 8월 1일.
●● 「尹 "공산주의 맹종 반국가세력 활개 … 패륜 공작 일삼아"」, YTN, 2023년 8월 15일.

의철 사장이 해임되었으니 이 책이 나올 무렵이면 KBS는 정부가 낙점한 사장이 임명된 상태일 것이다. 나의 후임 사장인 MBC 안형준 사장도 비슷한 위기에 놓일 것이다.

KBS와 MBC의 낙하산 사장은 2010년과 똑같은 임무를 부여받게 될 것이다. 사내 '종북좌파 세력'을 축출하고, 좌파 성향의 진행자와 앵커 들을 교체하는 것이 최우선이다. 편파 방송을 정상화시킨다는 명분 아래 능력 있는 기자와 PD, 아나운서 들이 스튜디오에서 쫓겨날 것이다. 공정방송과 언론자유를 위해 만들어졌던 노조와의 각종 협약들은 쓰레기처럼 버려질 것이다. 어렵게 1위를 회복했던 MBC의 신뢰도는 급속도로 다시 추락할 것이다.

MB 정권 때와는 달리 여기서 끝나지 않는다. 공영방송장악은 총선을 앞두고 정부·여당이 자신들에 우호적인 언론 환경을 구축하기 위한 수순일 뿐이다. 마지막 목표는 민영화다. 보도 기능이 무력화되고 신뢰도가 떨어져 국민들에게 MBC가 잊혀질 때쯤, 재벌에게 넘기기 위한 민영화 작업이 시작될 것이다. KBS 2TV의 민영화 역시 동시에 진행될 것이다. YTN 민영화는 이미 시작돼 주인을 찾는 작업이 진행되고 있다.

과거처럼 각종 계획이 담긴 문건은 만들어지지 않으리라고 생각한다. 이동관 방통위원장의 머릿속에 모든 시나리오가 담겨 있기 때문이다. 윤석열 대통령이 수많은 반대에도 불구하고 이동관에게 방통위원장을 맡긴 이유가 바로 그것이다. 방송장악의 기술자이자 행동대장이었던 이동관은 이제 총사령관이 되어 돌아온 것이다.

MBC 민영화 음모와 KBS 수신료 협박

왜 보수정권은 MBC 민영화에 집착하는 것일까. 과거에는 말 잘 듣는 사장을 보내는 것만으로 충분히 통제가 가능했지만 지금은 그것이 쉽지 않을 거라는 전망 때문이다. 보수정권으로서는 MBC의 영향력이 강해져서 국민 여론까지 살펴야 하니 부담도 커진다. 구성원들이 낙하산 체제의 암울한 경험을 잊지 않고 있기 때문에 저항도 거셀 것이다.

MBC의 힘을 근본적으로 거세할 수단이 필요하다. 그게 바로 민영화다. 공영방송 체제를 해체하고 종편처럼 오너를 만들어주는 것이다. 오너가 있는 방송사는 좀처럼 권력에 저항하지 않는다. MB 정권 때 최시중 방통위원장은 'MBC의 정명正名'을 밝히라고 돌려 말했는데, 윤석열 정부는 속내를 감추지도 않는다. 다만 대통령실이 직접 언급할 수 없으니 주로 국민의힘 의원들의 입을 통해 "MBC를 민영화해야 한다"는 발언들이 계속 나오고 있다.

먼저 따져볼 필요가 있다. 과연 MBC 민영화는 실현 가능한 시나리오인가? MBC의 주주 지분은 방송문화진흥회 70퍼센트, 정수장학회 30퍼센트로 구성돼 있다. MBC를 민영화하려면 우선 지분 구조를 바꾸고 주식상장을 해야 한다. 이 부분에 대해서는 『미디어오늘』 정철운 기자가 자세한 분석을 한 적이 있다.

MBC 민영화의 시작은 주식상장이다. MBC는 20만주의 비상장 주식회사로, 방송문화진흥회(방문진)가 14만주(70%), 정수장학회가 6만주(30%)를 갖고 있다. 코스피 기준 일반기업이 주식 상장을 하려면 최소조건이 100만주다. 상장예정주식수를 맞추려면 증자를 해야 한다. 만약 유상증자해서 100만주로 늘릴 경우, 정수장학회 지분은 6%로 쪼그라들 수 있다. 일종의 '지분 희석'으로, 정수장학회가 찬성할 리 없다. 현실적으로는 주식분할이 쉬운 옵션이다. 1주를 5~10주로 쪼개는 식이다. (…)

MBC 대주주가 되려면 얼마가 있어야 할까. 현재 MBC는 공식적으로 자산 규모를 측정한 적이 없다고 밝히고 있다. 물론 '힌트'가 될 사례는 있다. 2012년 한국사회를 떠들썩하게 했던 『한겨레』의 '최필립-이진숙 비밀회동' 10년 전 보도에 의하면 MBC는 당시 기업가치를 2조원으로 산정했다. 지역MBC 지분 등을 감안했을 때는 2조 5000억원까지 추정 가능하다.

대주주로 MBC에 영향력을 행사하려면 30% 수준의 지분은 갖고 있어야 한다. 보수적으로 MBC 가치를 2조 5000억으로 전제할 때 대주주가 되려면 7500억이 필요하다. 하지만 AM송신소와 지역MBC 사옥 등 각종 부동산을 고려하면 자산 실사에 들어갈 경우 MBC 가치는 더 높게 책정될 수 있다. 당장 서울 MBC가 51%를 갖고 있는 대구MBC만 해도 2019년 사옥 매각 대금만 4000억이었다. 이런 상황들을 감안하면 MBC 대주주가 되기 위한 금액은 1조가 넘어갈 수 있다고 보는 게 합리적이다. (…)

더욱이 방송법 8조에 따르면 규모 10조 이상의 대기업은 지상파방송사 주식을 10% 이상 소유할 수 없다. 결국 법을 바꾸지 않는 한, MBC 대주주 행세를 하려면 10조 이하 규모의 기업이 1조 이상을 써야 한다. MBC 대주주 후보군을 찾기란 매우 힘들다고 봐야 한다.

민영화가 어려운 또다른 '걸림돌'도 있다. 30% 지분을 가진 정수장학회다. 정수장학회는 '박정희-육영수' 이름을 따서 만든 곳으로, 과거 5·16 장학회로 불렸다. 실질적 주인은 전직 대통령 박근혜 씨다. MBC 민영화로 정수장학회는 MBC의 최대주주가 될 가능성도 있다. 이 경우 윤석열 정부는 박근혜 씨에게 특혜를 준다는 비판을 피할 수 없다. 물론 방문진이 일정 현금을 주고 30% 지분을 가져오는 식의 '주식소각' 방법도 있지만, 이 역시 매각 대금 등을 둘러싸고 특혜 논란은 불가피할 전망이다.[•]

결국 MBC 민영화는 법이 개정되어야 가능하기 때문에 총선에서 국민의힘이 다수당을 차지해야 비로소 착수할 수 있는 시나리오이며, 무리해서 강행한다 해도 특혜 논란이 불가피해서 쉽지 않을 것이라는 게 정철운 기자의 전망이다.

내 생각도 비슷하다. 좀더 팩트를 보완해보자. MBC는 단 한번도 기업가치를 평가받지 않았다. 국민이 주인인 공영방송이기 때문에 얼마짜리 회사인지 따져볼 필요가 없었다. 정철운 기자는 MBC의 기업가치를 2조 5천억원가량으로 추정했지만 나는 그 서

<hr />

[•] 정철운 「국민의힘이 원하는 'MBC 민영화' 이래서 불가능하다」 『미디어오늘』 2022년 11월 26일.

너배쯤 될 것이라고 확신한다. 그것도 최소한으로 잡았을 때 얘기다. MBC는 전국 16개 시도에 지역 계열사를 소유하고 있고, 수도권에만 1백만평에 이르는 부동산을 소유하고 있다. 게다가 60년 이상 축적해놓은 콘텐츠 아카이브는 돈으로 계산하기 힘든 가치를 지닌다.

이렇듯 MBC를 한꺼번에 매각하기란 거의 불가능하기 때문에 만약 윤석열 정부가 민영화에 착수하면 '쪼개서 팔기'를 먼저 시도할 가능성이 높다. 16개 지역MBC를 차례로 매각한 다음 서울 본사를 파는 전략이다. 10년 전 김재철 사장이 정권의 꼭두각시가 되어 민영화 그림을 그렸을 때도 지역MBC를 먼저 처분해 정수장학회에 현금을 헌납하는 시나리오를 짰다. 그러나 지금은 상황이 완전히 다르다. 방송광고 시장이 3분의 1로 쪼그라들면서 광고로만 먹고 사는 지역MBC의 적자가 심각해졌기 때문이다. 이러다보니 지역MBC의 소주주들은 오히려 본사에 지분을 인수해달라고 요구하는 실정이다. 어떤 기업이 적자투성이의 지역방송 지분을 사들일 것인가.

총선에서 여당이 다수당이 되어 방송법을 강제로 바꾼다 하더라도 결코 쉽지 않을 것이다. 무엇보다 민영화의 의도가 너무 뻔하게 드러났다. 원래 민영화는 효율성이 떨어지는 공기업의 경쟁력을 높이기 위해 공기업을 민간 소유로 전환하는 것이다. 그런데 자신의 말을 잘 안 듣는다고 해서 정권이 신뢰도 높은 공영방송을 기업에 팔아넘긴다? 반드시 특혜 의혹이 일 것이고 여론의 큰 저항에 부딪혀 정권이 위기를 맞게 될 것이다. 삼성? 현대? 어떤 기업이 수조원의 현금을 써가며 국민적 비난의 당사자가 되려고 나설 것인가.

만약 민영화 시나리오가 좌절될 경우 윤석열 정부가 선택할 수 있는 대안은 무엇일까? 윤석열 정부는 다양한 수단을 동원해 그 손발을 묶어놓음으로써 MBC를 무력화하는 전략으로 나올 수밖에 없다. MBC를 아무 영향력 없는 방송사로 만들어버리는 것이다. 다만 순서가 바뀌었다. KBS가 먼저, MBC는 그다음이 됐다. KBS는 '수신료'라는 아킬레스건 덕분에 요리하기가 훨씬 쉽기 때문이다. 나는 윤석열 정부가 KBS 수신료 분리 징수 이슈를 들고 나올 때부터 협박이 아니라 실제로 진행될 수순이라고 봤다. 관련된 논란이 한창이던 6월에 페이스북에 썼던 글이다.

KBS 수신료 분리 징수는 사장이 물러나든 말든 무조건 할 겁니다. 지금 정부·여당이 원하는 것은 KBS를 공영방송으로 바로 세우는 게 아니라 무력화시키는 것이기 때문입니다. KBS가 재원 문제로 완전히 힘을 잃고 백기투항 하면 구조조정에 들어가겠죠. 사장 거취는 전혀 변수가 아닙니다. 어차피 낙하산으로 바꿀 거니까.

KBS, MBC 낙하산 사장은 내부 인사가 아니라 밖에서 데려올 가능성이 높습니다. 이미 대선 후보 시절 비슷한 말을 한 적이 있습니다. 구조조정 전문가나 조·중·동 출신 원로, 심지어 보수 유튜버도 후보가 될 수 있겠죠. 설마 그렇게까지 하겠냐구요? 목표는 공영방송 정상화가 아니라 공영방송 무력화라는 점을 명심합시다. 물론 최종 목표는 민영화겠죠.

조직의 힘을 빼려면 조직을 분열시키면 된다. 수신료 분리 징수가 정식으로 시행되면 반드시 책임론이 대두된다. 내부는 사장을 사퇴시키고 정권의 선처를 구하자는 세력과 언론탄압에 맞서야한다는 세력으로 양분된다. 그러나 사장이 물러난다고 해도 상황은 달라지지 않을 것이다. 진행자 김어준이 경질된 후의 TBS 상황을 보면 알 수 있다. 직원들의 월급이 깎이고 프로그램 제작비가 모조리 삭감됐지만 예산을 틀어쥔 서울시의회와 오세훈 시장은 '완전한 굴복'을 요구하며 꿈쩍하지 않고 있다.

KBS에 낙하산 사장이 부임해도 일단 수신료의 분리 징수를 다시 통합 징수로 되돌릴 수는 없다. 연간 7천억원에 이르던 수신료 수입이 2천억원대까지 추락할 것이라는 전망이 나오고 있다. 그렇게 대규모로 재원이 고갈되면 제작비 삭감, 프로그램 폐지, 임금 삭감, 구조조정이 차례로 닥칠 것이다. 그리고 어느 순간 정부는 KBS 2TV 민영화 카드를 던질 것이다. 2TV 민영화는 정부 입장에서 꽃놀이패라고 봐야 한다. 민영화가 되면 말 잘 듣는 종편이 하나 더 늘어나면서 1TV의 힘은 대폭 약화될 것이고, 민영화가 좌절돼도 KBS는 재정위기와 내부 분열로 무력화될 것이다. KBS 보도국에서 13년간 일하다가 박근혜 정권 때 사표를 내고 독립언론 '뉴스타파'에서 활동했던 김경래 기자의 칼럼을 옮겨본다.

현 정부는 시청자의 이익을 위해서 분리 징수를 시행했을까.

그럴 리는 당연히 없다. KBS가 고분고분하지 않으니까, 다시 말하면 전임 정부에서 임명한 사장을 바꿀 수 없으니까 괴롭히는 것뿐이다. '물러나라. 그렇지 않으면 괴로울 것이다.' KBS의 가장 약한 고리를 건드리면서 신호를 보내는 거다. 만약 물러나지 않는다면? 그래도 좋다. 식물로 만들면 그뿐이니까. KBS가 어떻게 되건, 방송이 어떻게 되건, 그건 '용산'(대통령실)의 관심 범위가 아니다.

2500원이건 2500만원이건 돈 내는 걸 좋아하는 사람은 없다. 100원이라도 아낄 수 있게 만들어준다면 여론은 찬성할 거다. 도대체 KBS가 뭔데? KBS가 없으면 안 되나? 내 돈 2500원을 왜 가져가는데? 난 KBS 안 보는데? KBS 방만하다며? 직원들은 전부 도둑놈들이라며? 정권 바뀔 때마다 부역질하는 정치 방송국 아냐? 도대체 KBS가 왜 있어야 하는데?

정말 그럴까. KBS를 떠난 지 이제 10년이니 나도 이제 평범한 시민이다. 이런 말을 할 자격이 있다. 따져보자. 두가지 문제가 있다.

첫째. KBS는 정부가 소유하는 구조가 아니라, 용산이 지배하는 구조가 아니라, 국민이 소유하고 지배하는 구조다. 국민의 재산이고, 따라서 내 재산이다. KBS는 내 거란 말이다. 만약 KBS에 문제가 있어서 개선과 변화가 필요하다면 사회적인 논의와 합의가 필요하다. 5년짜리 일개 정권에게는 KBS를 망가뜨릴 권한이 없다. 어디 감히 내 거에 허락도 없이 손을 대는가.

둘째. 나도 KBS를 잘 안 본다. 물론 MBC도 SBS도 잘 안 본다. 요즘은 넷플릭스를 주로 보고, 아마존 프라임도 가끔 본다. 그럼 KBS도 없애고, MBC도 민영화하면 우리 사회는 건강해지고 우리는 행복해질 수 있는 걸까. (…)

13년의 KBS 경험으로 말하면, KBS가 다른 언론과 다른 게 딱 하나 있다. 취재를 할 때도, 프로그램을 기획할 때도, 기사를 쓸 때도, 편집을 할 때도, 출장을 갈 때도, 출장비를 정산을 할 때도 KBS 사람들은 어쩔 수 없이 '수신료'를 생각하게 돼 있다. 파블로프의 개 같은 거다.

"아. 우리는 수신료를 받는 조직이지. 우리 월급은 수신료에서 나오지. 우리 제작비는 곧 수신료지."

나라가 주는 월급을 받는다는 느낌과는 다르다. 정부가 아닌 공적인 영역에 종사하고 있다는 책임감과 자부심은 사람을 다르게 행동하게 하고, 결국 프로그램이 달라지게 된다. 언제나 그런 것은 아니지만 평균적으로 그러하다.

물론 이런 제약이 KBS 사람들의 상상력을 움츠러들게 하고 용기를 잃게 만들기도 한다. 하지만 이런 제약을 가진 미디어가 우리 사회에는 너무나 귀하다. 2500원을 내고 이런 종류의 자산을 가지는 건 사실 남는 장사다. 반면에 기업이 주는 광고로 먹고사는 미디어는 흔하디흔하다. 너무도 희귀한 우리의 자산을 이렇게 쉽게 망쳐버려도 되는 건가. 그런 짓을 남의 일처럼 두고 보기만 하면 되는 것인가. (…)

분리 징수 시행. 대단하다. 이건 박근혜이건 문재인이건 역대 정부 누구도 건드리지 않았던 부분이다. 노골적으로 치사한 수라는 걸 누구나 알기 때문이다. 부끄러움이라는 것이 없는 시대다. 하지만 이런 일이 이렇게 쉽게 진행이 된다면, 이 정권이 다음에는, 혹은 다음 정권이 무엇을 할지 상상할 수 있겠나. 그때는 KBS라는 문제는 오히려 작을 수도 있다. 나는 좀 무섭다.•

'역대 어떤 정부도 건드리지 않았던' 곳에 서슴없이 칼을 휘두르는 윤석열 정부. 그 칼을 막아내야 한다는 김경래의 호소가 절절하다.

MBC라고 다르지 않다. 지금까지 없었던 공영방송의 가시밭길이 닥치고 있다. 살아 있는 권력에 감시와 비판의 목소리를 내며 그나마 언론의 본령을 지켜온 공영방송이 '미운털' 박히고 '괘씸죄'에 걸려 절체절명의 위기를 맞았다. 그 결과는 권력의 독주, 민주주의의 후퇴로 이어질 것이다.

가장 큰 변수는 2024년 국회의원 총선이다. 공영방송 KBS와 MBC의 주인은 국민이다. 총선을 앞두고 무리한 방송장악에 여론이 등을 돌리게 되면 정부·여당의 부담도 커지기 때문이다. 그리고 KBS와 MBC를 지켜야 한다는 국민들의 마음은 먼저 두 방송사의 구성원들이 언론자유를 지키기 위해 얼마나 싸우는가에 좌우될 것이다.

• 김경래 「KBS를 망가뜨리면 우리는 더 행복해질까?」 『오마이뉴스』 2023년 7월 21일.

언론개혁 어떻게 할 것인가

과거 문재인 정부 지지자들은 입버릇처럼 말했다.

"우리나라는 언론이 가장 큰 문제야. 가짜 뉴스 만드는 기레기들 모두 처벌해야 돼."

2021년 '검찰개혁법'과 함께 추진된 '언론중재법'은 더불어민주당이 바로 이런 여론을 등에 업고 만든 것이다. 정확히 말하면 민주당이 '가짜 뉴스로 문재인 대통령과 정부를 헐뜯는 언론을 강력한 법으로 처벌해야 한다'는 지지자들의 요구에 떠밀려 추진한 것이었다. 당시 발의됐던 언론중재법의 핵심은 '징벌적 손해배상'이었다.

— 허위·조작 보도 정의(2조 17의 3): 허위의 사실 또는 사실로 오인하도록 조작한 정보를 언론, 인터넷뉴스 서비스, 인터넷 멀티미디어 방송을 통해 보도하거나 매개하는 행위.

— 허위·조작 보도 특칙(30조의 2): 언론의 명백한 고의·중과실에 의한 허위·조작 보도에 따라 재산상 손해를 입거나 인격권 침해 또는 정신적 고통이 있다고 판단되는 경우 최대 5배의 징벌적 손해배상 허용.

'가짜 뉴스 보도 언론사 "징벌적 손해배상제" 도입'에 관한 여론도 대체로 찬성이 많았다. 한 여론조사에서는 80퍼센트가 넘는 압도적인 수치의 찬성이 나왔을 정도였다. 진보·보수 진영에 관계없이 우리 사회에 언론에 대한 불신과 혐오가 크다는 반증이기도 했다.

그러나 언론계와 전문가들의 생각은 정반대였다. 기자협회, 방송기자연합회, 언론노조 등 현업 언론인단체가 일제히 강력하게 반발하고 나섰고, 언론학자들의 비판도 만만치 않았다. 헌법이 보장하고 있는 언론·출판의 자유를 침해하고 거꾸로 권력의 '검열'을 보장하는 법이 될 것이라는 우려, 손해배상 소송이 대폭 늘면 오히려 권력층에 대한 '소극적인 보도'가 많아질 것이라는 우려 등이 주요 반대 이유였다. 권력과 자본을 비판하는 언론의 본질적 특성상, 징벌적 손해배상제는 이들이 비판을 피하는 칼날로 오용될 확률이 더 높다는 주장이었다. 언론자유를 위해 활동하는 국제 조직 '국경없는기자회'조차 "언론중재법 통과 땐 한국 언론자유 순위가 떨어질 것"이라고 경고하고 나서는 등 국제적인 여론도 매우 좋지 않았다. 결국 민주당은 '언론중재법'을 포기했다. 이듬해인 2022년 대선 패배 이후 '검찰개혁법'만 처리할 수밖에 없었다.

정권이 바뀌고 이제 권력 감시의 대상이 된 윤석열 정부와 국민의힘이 비슷한 일을 벌이고 있다. 문재인 정부 때는 전체 언론을 상대로 한 '언론중재법'이었지만 지금은 타깃이 좁혀졌을 뿐이다. 정부와 여당은 이렇게 생각하는 것 같다.

'MBC, KBS가 제일 문제야. 조작, 편파 방송 못하게 처벌하고 민영화시켜야 해.'

'네이버, 다음에 정부 비판하는 뉴스가 너무 많아. 알고리즘 손 보고 버릇 고쳐놔야 돼.'

만약 2021년에 언론중재법이 통과됐다면 지금 어떤 상황일까? MBC를 비롯한 상당수 언론사들이 명예훼손 피해액의 5배를 배상하라는 각종 소송에 시달리고 있을 것이다. 원고는 대통령, 영부인, 장관, 국회의원, 대기업 들일 것이다. 내로라하는 로펌의 변호사들이 그들의 법률대리인이 되어 언론사와 기자를 상대로 줄소송을 진행하고 있지 않을까? 변호사들은 성공보수를 목표로 일하니까 배상청구액은 최하 몇억에서 최대 수백억이 될 것이다. MBC처럼 큰 회사는 어찌어찌 상대할 수 있겠지만 작은 언론이나 유튜브 채널들은 그대로 문을 닫아야 할 것이다.

심지어 이동관 방통위원장은 '원스트라이크 아웃' 운운하면서 한번이라도 가짜 뉴스를 내면 언론사를 폐간시키겠다고 으름장을 놓고 있다. 제20대 대선 때 '윤석열 후보의 부산저축은행 수사 무마 의혹'을 보도한 독립언론 뉴스타파에 대해서는 대대적인 수사와 함께 이미 인터넷 언론 등록을 취소하기 위한 조치가 시작됐다. 비판 언론 재갈 물리기를 넘어 독재정권에서나 볼 수 있는 언론탄압이라는 비판이 커지고 있지만, 윤석열 정부와 국민의힘은 이를 '언론 정상화'라고 강변한다.

모든 개혁은 법과 제도로 추진해야 한다. 검찰의 무소불위 수사권을 제한하기 위해 검찰개혁법이 제정됐고, 산업재해를 예방하기 위해 중대재해처벌법이 만들어졌다. 그러나 언론개혁은 사정이 좀 다르다. 검찰 수사권의 범위는 원래 나라마다 다르니 현실에 맞게 정하면 되고, 기업의 안전 책임은 이윤추구보다 더 중요하지만, 언론·출판의 자유는 헌법이 보장하는 기본권이기 때문이다. 최상위 법인 헌법상의 권리를 하위법으로 제한하는 조치는 극도로 신중해야 하고 민주적 절차에 따라야 한다. 집회·결사의 자유를 제한하는 조치 역시 마찬가지다.

설령 '가짜 뉴스'에 대한 피해를 구제하더라도 피해자의 자격은 평범한 시민으로 제한해야 한다. 언론단체들이 '언론중재법' 재판의 원고에서 대통령이나 관료, 정치인, 대기업을 배제해야 한다고 주장했던 이유다. 그러나 민주당은 이를 수용하지 않았다. 애당초 언론중재법의 취지가 대통령 및 정부에 대한 부당한 공격을 처벌하기 위한 것이었기 때문이다. 그리고 거센 반발에 부딪혀 언론개혁법은 좌절됐다. 당연한 수순이었다.

그렇다면 어떻게 언론을 바꿀 것인가. 법과 제도에 의한 언론개혁은 불가능한 목표인가? 그렇지 않다. 언론개혁은 우리 사회가 더 나아지기 위해 반드시 이루어져야 할 과제임에 분명하다. 다만 언론의 자유를 '제한'하는 방향의 개혁은 성공할 수 없다는 게 나의 일관된 생각이다. 그런 시도는 반드시 저항에 부딪히고 결국 실패한다. '나쁜 언론'을 처벌하는 게 아니라 '좋은 언론'이 많아지고 영향력이 커지도록 법과 제도로 지원해야 언론개혁이 성공할 수 있다.

종합편성채널을 무더기로 허가해줘서 방송계를 무한경쟁으로 몰아넣은 MB 정권의 정책적 노림수를 상기해보자. KBS, MBC를 장악하는 것에 그치지 않고 '우리 편'이었던 보수 신문들에게 방송을 선물로 줌으로써 '그들만의 언론개혁'을 결국 성공시켰다. 예상치 못한 JTBC 보도 덕분에 촛불혁명의 불씨가 당겨지고 결국 문재인 정부가 탄생했지만, 종편 체제가 초래한 '기울어진 운동장'은 여전히 현재진행형이다.

　MBC, KBS처럼 '좋은 언론'의 가능성이 있는 공영방송을 지원하는 것은 그래서 중요하다. KBS 수신료가 방만하게 쓰인다는 비판이 있다면, KBS가 이를 제대로 쓰도록 감시하는 제도로 보완하면 된다. 무엇보다 공영방송 언론인들이 정파적 영향력에서 벗어날 수 있도록 지배구조를 바꿔주는 것이 가장 중요한 개혁이다. 늦긴 했지만 그런 취지의 '방송법 개정안'이 국회에 상정돼 있다. 이사회를 구성할 때 정부나 국회 추천을 최소화하고 시청자 대표들과 방송계, 학계 전문가들이 많이 참여하는 내용이 핵심이다. 국민의힘은 이 법안을 '노영 방송법'이라고 반대하고 있지만 '그 법이 통과되면 우리가 공영방송을 장악하지 못하기 때문에 반대한다'는 속마음을 모르는 사람은 없다.

　문재인 정부 때 '언론중재법' 대신 '방송법 개정안'이 만들어졌다면 윤석열 정부의 방송장악 시도는 애초에 이루어질 수조차 없었을 것이다. 당시 언론단체들이 민주당에 끈질기게 요구했던 것도 언론중재법을 포기하고 공영방송 지배구조를 개혁하라는 것이었다. 그러나 민주당은 '가짜 뉴스 처벌하기'에만 골몰하다가 진짜

'언론개혁'의 기회를 놓치는 우를 범했다. 아쉬울 따름이다.

'좋은 언론'을 키우는 제도적 노력과는 별개로 '가짜 뉴스' '허위 정보'를 어떻게 규제할 것인가에 대한 고민은 필요하다. 인터넷과 유튜브, SNS로 유포되는 허위 정보는 우리뿐 아니라 대부분의 나라에서 골머리를 앓고 있는 이슈이기도 하다. 방치할 수는 없다.

유럽의 경우 상당수 나라들이 '선거와 관련된 허위 정보' '코로나19 등 공중의 안전과 관련된 허위 정보' '인종·소수자 혐오를 선동하는 표현물' 등에 대해 다양한 방법으로 규제에 나서고 있다. 그러나 사법 처리의 대상과 범위는 대단히 엄격하게 제한하는 것이 일반적이다. 허위 정보에 의한 피해의 대상은 공공의 영역으로 한정된다. 정치인이나 관료가 명예훼손을 당했다고 언론사에 거액의 손해배상을 청구하도록 허락하는 것은 상상할 수도 없다. 중요한 것은 '사회적 합의'가 있어야 한다는 것이다. 그리고 합의가 만들어지려면 충분한 논의가 우선돼야 한다.

언론개혁은 어렵지만 반드시 가야 할 길이다. 그러나 개혁의 주체는 정부나 국회가 아니라 언론인이 되어야 한다. 검사에게 검찰개혁을 맡길 수 없고, 재벌에게 재벌개혁을 맡길 수 없다. 반면 언론개혁은 언론인들이 자발적으로 해야 한다. 중이 제 머리 못 깎는 법인데, 언론인이 스스로 각성할 수 있을까? 나도 섣불리 'Yes'라고 말할 수 없다. 우리가 지금 겪고 있는 미디어 환경은 수많은 허위 정보와 정파적 견해, 확증편향으로 가득차 있기 때문이다.

미디어 수용자들도 그런 환경을 인정해야 한다. 그리고 수많은 그릇된 정보 속에서 '진짜 뉴스, 좋은 언론인'을 구별하는 능력을 키워나가야 한다. 나는 집단지성의 힘을 믿는다. 이미 디지털 미디어 세상에서는 언론인과 수용자의 경계가 허물어지고 있다. 시민들이 언론 기사를 검증하고, 전문가들이 정정보도를 내는 세상이다. 좋은 언론인은 응원받고 기레기는 심판당한다. 포털에 매일 수백개씩 올라오는 받아쓰기 기사는 잊혀지지만, 진실을 좇는 탐사보도는 주목받고 공유된다. TV 뉴스 시청률은 낮아졌지만, 훌륭한 리포트는 수백만 조회수를 기록하며 인구에 회자된다.

바닥에서 올라간 MBC의 신뢰도 역시 구성원들의 노력을 집단지성이 인정해준 덕분이다. 지금 MBC가 마주한 위기는 정권이 어떤 이유를 들이대도 '언론탄압'일 뿐이라는 것을 많은 국민들이 알고 있다. MBC가 오직 국민만 바라본다면 이겨내지 못할 위기는 없다.

다시 먹구름이 몰려오고 있다.
오랜 시간 피 흘리며 쫓아 보낸 어둠의 시간이 또 덮치고 있다.
불행한 역사는 반복될 것인가, 알 수 없다.
그 답은 과거에도 그랬듯, MBC 구성원과 시민들에게 달렸다.
꺾이지 않는 저널리스트들의 신념과
잠들지 않는 시민의식이
죽었던 MBC를 살려냈다.
이제 다시 싸움의 시작이다. MBC 구하기.

MBC를 날리면
언론인 박성제가 기록한 공영방송 수난사

초판 1쇄 발행 / 2023년 10월 10일

지은이 / 박성제
펴낸이 / 염종선
책임편집 / 최지수 신채용
조판 / 박아경
펴낸곳 / (주)창비
등록 / 1986년 8월 5일 제85호
주소 / 10881 경기도 파주시 회동길 184
전화 / 031-955-3333
팩시밀리 / 영업 031-955-3399 편집 031-955-3400
홈페이지 / www.changbi.com
전자우편 / human@changbi.com

ⓒ 박성제 2023
ISBN 978-89-364-7944-2 03300